btb

Buch

Die angesehene norwegische Psychotherapeutin Wencke J. Seltzer beschreibt sechs Therapieverläufe, in deren Mittelpunkt die psychischen Probleme und Konflikte von Kindern und Jugendlichen stehen. Da ist beispielsweise die Geschichte eines neunjährigen Mädchens, das als kleines Kind misshandelt wurde. Da gibt es den Fall des kleinen Petter, der das Verschwinden seines Vaters nicht verarbeiten kann und aufgehört hat zu sprechen. Und da gibt es Anna, deren Eltern Angst haben, sie könne ihrer Großmutter, deren Namen sie trägt, nachfolgen wollen und sich das Leben nehmen.

Seltzers' Technik ist eine dialogische: Sie möchte den »stummen Geschichten« wieder zur Sprache verhelfen – Geschichten, die verdrängt, vergessen oder tabuisiert wurden und die im therapeutischen Prozess mit viel Geduld und Einfühlungsvermögen wieder erzählbar gemacht werden sollen.

Autorin

Prof. Dr. Wencke J. Seltzer ist Ärztin und Klinische Psychologin. Ihr Schwerpunkt, sowohl in der therapeutischen Praxis als auch in der Forschung, ist die Arbeit mit Kindern, Jugendlichen und Familien. Wencke J. Seltzer ist Mitglied der International Family Therapy Association. Zurzeit lehrt sie an der Universität Trondheim und an der Fachhochschule Lillehammer.

Wencke J. Seltzer

Sieben stumme Jahre

Geschichten aus der Familientherapie

Aus dem Norwegischen von
Kerstin Hartmann

btb

Die Originalausgabe erschien 2003 unter dem Titel
Familiehemmeligheter bei Gyldendal.

FSC
Mixed Sources
Product group from well-managed
forests and other controlled sources

Cert no. GFA-COC-1223
www.fsc.org
© 1996 Forest Stewardship Council

Verlagsgruppe Random House FSC-DEU-0100
Das FSC-zertifizierte Papier *Munken Print* für Taschenbücher aus
dem btb Verlag liefert Arctic Paper Munkedals AB, Schweden.

1. Auflage
Deutsche Erstausgabe Oktober 2005

Umschlaggestaltung: Design Team München
Umschlagfoto: zefa/Ansgar
Satz: Uhl + Massopust, Aalen
Druck und Einband: Clausen & Bosse, Leck
MM · Herstellung: AW
Made in Germany
ISBN-10: 3-442-73303-0
ISBN-13: 978-3-442-73303-3

www.btb-verlag.de

Inhalt

Einleitung

Dieses Buch erzählt sechs Geschichten aus meiner therapeutischen Praxis. In diesen Geschichten beschreibe ich die Entwicklung von Gesprächen zwischen Menschen, die für ihre psychischen Probleme Hilfe suchen, und mir als Psychotherapeutin[1]. Der Ablauf der therapeutischen Prozesse ist so authentisch wie möglich wiedergegeben, während gleichzeitig das Recht der Klienten auf Anonymität sorgfältig gewahrt wurde. Die Personen in den Geschichten werden nicht wiederzuerkennen oder zu identifizieren sein.

Ich habe das Buch als Fachfrau geschrieben. Dabei war es mein Ziel, den Lesern einen Einblick in den sonst verschlossenen Therapieraum zu geben und zu zeigen, wie ein therapeutischer Prozess verlaufen kann, welche Probleme möglicherweise auftauchen und wie Gespräche dazu beitragen, festgefahrene Muster im Umgang von Menschen miteinander aufzulösen. Ich bewege mich in einem fachlich klar abgesteckten Rahmen. Auch wenn im Text nicht auf Fachliteratur verwiesen wird, wie das in einem rein wissenschaftlichen Buch der Fall wäre, basiert meine Arbeit auf fachlicher und persönlicher Erfahrung und auf allgemein gesellschaftlichem und kulturellem Wissen. Wo im Text Fachausdrücke verwendet werden, habe ich versucht, sie für jedermann verständlich zu erklären.

Die Hauptpersonen der Geschichten sind Kinder und Jugendliche. Sie wurden wegen psychischer Probleme zu mir geschickt und sind in allen Fällen mit ihren Familienangehörigen zur Therapie erschienen.

Ein Kind verbringt die Lebensjahre, in denen es am formbarsten ist, in seiner Familie und wird in hohem Maße von ihr beeinflusst. In diesen engen familienkulturellen Zusammenhängen reagiert das Kind auf emotional angespannte Stimmungen schon lange, bevor es sprechen kann. Wenn Kinder psychologischer Hilfe bedürfen, ist es wichtig, dass die Personen, die dem Kind am nächsten stehen, mit in die Behandlung einbezogen werden.

In den Gesprächen, die dieses Buch schildert, kommt eine Vielfalt scheinbar zufälliger Informationen und Zusammenhänge ans Licht. Die Zufälligkeiten erweisen sich allerdings als wichtige Puzzleteile in der Geschichte der Patienten. Während der Gespräche wird nichts vorschnell interpretiert. Durch erforschende Fragen wird nach und nach ein gemeinsames Verständnis geschaffen, sowohl was die Probleme als auch was die Grundhaltung[2] dahinter betrifft. Es ist ausgesprochen wichtig, dass alle gehört werden und niemand sich gekränkt oder entwertet fühlt. Die Therapeutin kann Regeln dafür anbieten, wie die Kommunikation im Therapieraum ablaufen soll. Kleine, aber bedeutungsvolle Interventionen der Therapeutin können dazu beitragen klarzustellen, dass alle Anwesenden das Recht auf Mitsprache haben und dass auch von allen ein Beitrag zum Prozess erwartet wird.

Methodische Grundlagen

Ich schreibe als Therapeutin in der Ich-Form. Das entspricht auch meiner Entscheidung für eine qualitative, ethnografische Annäherung an die therapeutische Arbeit. Für diagnostische Erläuterungen verwende ich standardisierte Beschreibungen.

Sie beleuchten Seiten im Patientenverhalten, die Therapeuten kennen und berücksichtigen sollten. Diese qualitative Haltung ist für das therapeutische Setting sehr hilfreich, denn sie gibt Raum für vielfältige und flexible Vorgehensweisen, die den individuellen Herausforderungen gerecht werden können. Sich im Therapieverlauf so früh wie möglich auf die Beschreibung zu konzentrieren, die der Klient selbst von seiner Situation liefert, ermöglicht einen guten Start.

In meiner Rolle als Therapeutin nehme ich aktiv teil, bin aber auch naiver und außen stehender Beobachter[3]. Die Klienten oder deren Angehörige sind die Experten für ihre eigene Situation. Als Therapeutin weiß ich zunächst nichts über die Familienkultur, in die ich Einblick erhalte, und bin darauf angewiesen, zu fragen und Informationen zu sammeln. Fragen können Staunen oder Verwunderung in der Familie auslösen. Oftmals sind wichtige Themen als selbstverständlich betrachtet und totgeschwiegen worden. Die Anfangsphase kann für den gesamten Therapieverlauf wegweisend sein. Mit der Zeit entsteht in der Gruppe ein gemeinsames Verständnis für die Zusammenhänge der familiären Dynamik, und es entwickeln sich neue Denk-, Empfindungs- und Handlungsweisen. In den Geschichten »Der Fluch«, »›Der Verrückte‹« und »Das Haus des Pfarrers« ist klar erkennbar, wie sich Einstellungen im Gesprächsprozess verändern.

Alle sechs Geschichten machen diesen Prozess durch verschiedene Phasen hindurch nachvollziehbar. In der ersten Phase mag vieles noch undeutlich und fast unverständlich wirken, in der nächsten Phase beginnen die Zusammenhänge, Form anzunehmen, während gleichzeitig die Gefühle zum Zuge kommen, und in späteren Gesprächsphasen werden neue oder veränderte Haltungen erkennbar. Die Schlussphase zeichnet sich typischerweise dadurch aus, dass Probleme, denen man sich früher beschämt und machtlos ausgeliefert fühlte, jetzt eher allgemein menschlich und verständlich erscheinen und dadurch in Angriff genommen werden können.

Die Geschichten dieses Buches geben einen Einblick in verschiedenste Themen zwischenmenschlichen Zusammenlebens. Über manche spricht es sich leicht, andere mögen bedrohlich wirken. Ich hoffe, die Leser können durch diesen Einblick in den Therapieraum erleben, dass Menschen, auch wenn die Probleme unüberwindbar erscheinen, weitgehend in der Lage sind, ihr Leben selbst in die Hand zu nehmen.

Es ist nicht mein Ziel, eindeutige oder endgültige Aussagen über Verständnis und Lösung der hier erläuterten Probleme zu treffen. Ich will auch keine generellen Behauptungen aufstellen, wie eine gute Therapie zu verlaufen hat, denn im Therapieraum führen wie überall viele Wege nach Rom. Ich zeichne kein fertiges Bild der therapeutischen Arbeit, sondern zeige ein paar Möglichkeiten auf, wie dort gedacht und gearbeitet werden kann. Die Vermittlung eines ernsten und schweren Stoffs in so konzentrierter Form bringt dabei natürlicherweise ihre eigenen Grenzen mit sich.

Die schriftliche Form hat mich vor einige Schwierigkeiten gestellt. Zum Beispiel wollte ich Situationen so faktengetreu wie möglich wiedergeben und dafür sorgen, dass verschiedene Äußerungen und Meinungen deutlich hervortreten. Bestimmte Stimmungen im Therapieraum wie zum Beispiel heftige, emotionsgeladene Reaktionen sind im Nachhinein nicht leicht zu vermitteln. Außerdem ist es immer schwierig, beim Erzählen eine Auswahl aus dem vorliegenden Material zu treffen: Was hat ursprünglich die Aufmerksamkeit des Erzählenden erregt? Welche Werte bringt er oder sie zum Ausdruck, und was bleibt ungesagt? In diesem Sinne kann keine der Geschichten völlig korrekt oder neutral sein.

Manche Leser werden sich vielleicht wundern, dass es in diesen Geschichten so viel »Rotz und Wasser« gibt. Doch Menschen, die in einen Therapieraum kommen, tragen schwer an stark emotionsgeladenen und tabuisierten Erlebnissen. Genau das schafft das Bedürfnis nach dem Gespräch mit einem professionellen Therapeuten. Weinen ist eine natürliche Reaktion, und ein Teil der Therapie besteht darin, Widerstände beiseite zu räumen und den Ausdruck jener Gefühle zu ermöglichen, die in den einzelnen Fällen durch die Therapie modifiziert werden sollen.

Weiterhin mag es manchem merkwürdig erscheinen, dass in all diesen Therapien wesentliche Veränderungen eintreten – wie ich hoffe zum Besseren. Tatsächlich litt keiner der Menschen, denen Sie in diesem Buch begegnen, an ernsten psychischen Krankheiten, die zusätzlich zu dieser Art von Gesprächen andere Behandlungsmaßnahmen erfordert hätten. Damit waren die Voraussetzungen für eine persönliche Entwicklung im Rahmen einer Gesprächstherapie gegeben.

Die Therapie ist ein Stück Arbeit, bei der Klienten wie Therapeuten nach bestem Vermögen dazu beitragen, eine solche Entwicklung zu ermöglichen.

Zur Gestaltung des therapeutischen Dialogs

Vielleicht wird den Lesern auffallen, dass ich an mehreren Stellen Sätze einschiebe, die mit »Ich dachte im Stillen«, »Ich hatte das Gefühl«, »Ich fragte mich im Stillen« oder Ähnlichem beginnen.

Dieses fragende »stille Selbstgespräch«, das ich direkt in den Dialog mit dem Klienten einflechte, ist nichts Zufälliges. Es folgt einem methodischen Grundkonzept, das ich entwickelt habe, um so sicher wie möglich zu gehen, dass die Meinung des Klienten und nicht die Deutung der Therapeutin im Mittelpunkt des Gesprächs steht. Zusätzlich zur Beobachtung von Äußerungen, die nicht direkt verbaler Art sind (beispielsweise dass der Klient dasaß, auf den Boden schaute und Blickkontakt vermied oder dass eine Klientin sich ihr Haar ins Gesicht fallen ließ), ist die gesprochene Sprache das zentrale Instrument für die Gestaltung der Therapiegespräche.

Ein entsprechender Begriffsapparat kann dazu beitragen, einem Therapeuten bewusst zu machen, wie er den Dialog mit dem Klienten aufbaut und gestaltet. In vielen Fällen sind es fünf narrative Kategorien, die zur inhaltlichen und atmosphärischen Strukturierung beitragen und in einer offenen zirkulären Schleife aufeinander bezogen sind.

Da die norwegische Sprache nicht die Möglichkeit bietet, etwas zu beschreiben, das im Verlauf eines Prozesses entsteht und geformt wird, habe ich die Begriffe auf Englisch formuliert. Englische Worte, die auf »ing« enden, vermitteln die Bedeutung, dass etwas im Werden und noch nicht etabliert oder gefestigt ist.

Hier relevant sind die Begriffe *Contexting*, *Texting*, *Subtexting*, *Cotexting* und *Retexting*.

Contexting

Ich verwende *Contexting* als übergeordneten Begriff, der einen Referenzrahmen absteckt und zu erweitertem Verständnis beiträgt. Worte aus dem Zusammenhang zu reißen kann gerade deshalb zu einem falschen Verständnis führen, weil die ergänzenden Informationen eines sprachlichen Gesamtgefüges fehlen. Am Anfang einer Therapie ist es wichtig, dass ein Klient die Gelegenheit erhält, von Zusammenhängen im Leben seiner Familie außerhalb des Therapieraums zu erzählen. Es ist wichtig zu wissen, ob der Klient allein lebt oder mit jemandem zusammen, es ist wichtig, etwas über die Familie zu erfahren, über die Arbeit, darüber, woher der Klient kommt, über ethnische und kulturelle Hintergründe, persönliche Interessen oder über seine finanziellen Verhältnisse. All diese Informationen bilden die Grundlage für den Beginn der therapeutischen Zusammenarbeit. Kontextuelle Bedingungen sind während des gesamten Therapieprozesses von zentraler Bedeutung, wobei die Therapiesituation selbst ebenfalls besondere Bedingungen für das Gespräch schafft.

Am Anfang kann die Frage, was den Klienten oder die Familie herführt, ein guter Ausgangspunkt sein. Der Klient hat dann selbst die Möglichkeit, das Gespräch mit Inhalten und Themen zu »eröffnen«, die für ihn von Bedeutung sind. In den Geschichten dieses Buches versuche ich, den Lesern einen Einblick zu geben, wie eine Therapie abläuft und unter welchen historischen, ideologischen, ethnischen und geografischen Bedingungen Klient und Therapeut sich begegnen.

Texting

Die Aussagen der Klienten habe ich *Texting* genannt. Wenn ein Klient beispielsweise äußert: »Ich fühle gar nichts mehr«, dann ahnen wir schnell viele mögliche Bedeutungen dieses Satzes. Ist vielleicht etwas geschehen, das Gefühle verschüttet hat, die zu einem früheren Zeitpunkt durchaus zugänglich waren? Oder sind die Gefühle zum momentanen Zeitpunkt aus unbekannten Gründen blockiert? Oder hat der Klient vielleicht das Gefühl, dass es nichts hilft, anderen seine Gefühle zu erkennen zu geben, weil sowieso niemand darauf hört? Oder soll die Aussage die Botschaft vermitteln, dass der Klient das Gefühl hat, keinen Kontakt zu seinen eigenen Gefühlen mehr zu haben? Ist der Sinn des Satzes vielleicht auch für den Klienten unklar oder unverständlich?

Das *Texting* des Klienten und welche Bedeutung er oder sie in den Text hineinlegt, ist wichtig für die Gestaltung des therapeutischen Dialogs.

Subtexting

In der Therapiesituation denkt ein Therapeut fast automatisch darüber nach, was eine Aussage für den Klienten bedeutet. Diese Gedanken, die dem Klienten nicht unbedingt laut mitgeteilt werden, habe ich *Subtexting* genannt.

Sowohl im Therapeuten als auch im Klienten läuft während des Gesprächs ein stilles *Subtexting* ab. Ich beziehe mich hier stets auf die Gedanken des Therapeuten, da ich, bevor es ausgesprochen wird, nicht weiß, was das *Subtexting* des Klienten sein mag. *Subtexting* spielt wahrscheinlich immer eine Rolle, wenn Menschen an einem Gespräch teilnehmen. Der Leser kann mein *Subtexting* an den Stellen erkennen, wo ich Sätze einfüge, die mit »Ich dachte…« oder »Ich hatte eine Ahnung, dass…« oder ähnlichen Formulierungen beginnen.

Die Deutung, die im *Subtexting* des Therapeuten enthalten ist, entspricht nicht immer dem, was der Klient selbst bei seiner Aussage empfindet. Gleichzeitig können im *Subtexting* des Therapeuten jedoch Angebote für ein alternatives Verständnis von Themen enthalten sein. Das kann in den Dialog einfließen und dazu beitragen, Auffassungen zu verändern und ein erweitertes Verständnis zu ermöglichen. *Subtexting* schärft das Bewusstsein des Therapeuten dafür, wie er die Aussagen seiner Klienten versteht und erlebt. Dadurch trägt es auch dazu bei, den Fokus des Dialogs auf das Verständnis des Klienten von sich selbst zu richten.

Viel zu häufig ist es das Privileg der Therapeuten, einen Stillstand in der Therapie als Problem des Klienten zu bezeichnen, während das fehlende Verständnis des Therapeuten für das Anliegen des Klienten aus der Erklärung ausgeklammert wird. Nach meiner Erfahrung ist der Austausch über das Sinnverständnis entscheidend für die Entwicklung eines Dialogs zwischen Klienten und Therapeuten.

Cotexting

Indem er sich das eigene *Subtexting* bewusst macht, kann der Therapeut weitergehen und eine erforschende Vermutung äußern wie zum Beispiel: »Ich ahne, dass Sie gerade etwas sehr Wichtiges gesagt haben. Können Sie mir bitte noch genauer erklären, was Sie damit meinen, wie Sie es erleben?« Eine solche Aussage des Therapeuten ist ein Beispiel für *Cotexting*. Es nimmt oft die Form einer Frage an, die der offenen Haltung des Therapeuten Ausdruck verleiht und ihr Bedeutung beimisst. Der Therapeut bringt sich in den Dialog mit seinem Klienten ein, um nach dem Sinn von dessen Aussage zu forschen. Ein solcher Austausch fördert den Zugang des Klienten zu den eigenen Einstellungen, Meinungen und Empfindungen. Vor allem aber ist es wichtig, die Gefühle des Klienten zu thematisieren und anzuerkennen, damit er an ihnen zu arbeiten beginnen kann.

Retexting

Nachdem er über das *Cotexting* nachgedacht hat, kann der Klient zum Beispiel sagen: »Nein, ich weiß nicht recht, warum ich es so empfinde, aber es ist irgendwie sicherer für mich, nichts zu fühlen, ich kriege irgendwie Angst, wenn ich meine Gefühle herauslasse.« Eine solche Aussage des Klienten habe ich *Retexting* genannt.

Das *Retexting* des Klienten macht deutlich, was er meint und worauf der therapeutische Dialog weiter aufbauen kann. Dadurch drängen neue Bewusstseinsebenen ans Licht, und es werden neue Texte geschaffen. Ein auf diese Weise erweitertes, gemeinsames, sinnorientiertes Verständnis entwickelt sich in der Therapie in einem fortlaufenden Prozess.

In der therapeutischen Praxis tragen die Prozesse von *Contexting, Texting, Subtexting, Cotexting* und *Retexting* dazu bei, Festgefahrenes aufzubrechen und neue Verständnisschleifen und immer neue und erweiterte Bedeutungsebenen zu erschließen.

Stumme Geschichten

Das Phänomen der verschwiegenen oder »stummen« Geschichten ist eines der Hauptthemen dieses Buches. Die Inhalte solcher Geschichten werden ganz oder teilweise totgeschwiegen, bleiben implizit, eingekapselt oder geheim. Verschwiegene Themen können den Betroffenen unbewusst, teilweise bewusst oder auch sehr bewusst sein. Am unbewussten Ende der Skala finden sich zum Beispiel Dinge, die einem Kind widerfahren sind, bevor es selbst eine Sprache hatte, wie in »Petter Pettersens Saga«. Solche Geschichten sind oft schwer in Worte zu fassen, obwohl die Ahnung davon einen Menschen manchmal bis ins Erwachsenenalter verfolgt. Häufig tauchen sie in späteren Lebensphasen wieder auf, wie in mehreren Geschichten hier deutlich wird.

Eine andere Art verschwiegener Geschichten ist ein schambehaftetes oder tabuisiertes Thema, das mit Personen im Verwandtschaftskreis zu tun hat, über die nicht gesprochen wird, die aber dennoch im Leben der Familie eine zentrale Rolle spielen. Beispiele finden sich in den Geschichten »›Der Verrückte‹«, »Der Fluch« und »Sieben stumme Jahre«. In Situationen dieser Art ahnen Kinder häufig, dass es ein gefährliches Terrain gibt, ohne etwas Konkretes zu wissen. Oft zeigt sich in der Therapiesituation, dass ein Kind Unbehagen empfindet, wenn sich das Thema nähert, weil es die Stimmung in der Familie im Zusammenhang mit dem tabuisierten Thema absorbiert hat. Kinder lernen schnell, dass es da etwas gibt, über das man weder in noch außerhalb der Familie reden darf.

Am anderen Ende der Skala finden wir die Geheimnisse. Dabei handelt es sich um ein Wissen, das nur einige haben und das vor anderen verborgen gehalten wird. Ein Geheimnis ist eine besondere Form der verschwiegenen Geschichte. Entscheidend ist, dass jemand bewusst ein bestimmtes Wissen, das ernste Konsequenzen für andere Personen haben kann, vor diesen geheim hält. Das ist der Fall in der Geschichte »Der Schatten an der Hauswand«, wo die Großeltern ihrem Enkelkind das Wissen um seinen Vater vorenthalten wollten. Das Gleiche gilt für »Petter Pettersens Saga«, wo der Vater des Jungen verschwand, ohne dass dem Kind die Umstände seines Verschwindens erläutert wurden.

Alle verschwiegenen Themen enthalten Emotionen, die aus verschiedenen Gründen mit Scham, Schuld und Stigmatisierung besetzt sind. Die »stummen« Themen blockieren außerdem den freien Fluss der Kommunikation. Stumme Geschichten gehören eben nicht zu denen, die man sich freimütig und öffentlich erzählt.

Manchmal ist ein Individuum mit einer »stummen« Geschichte ganz allein. Wenn dieser Mensch deswegen unter Angst oder Schuld leidet, kann das Konsequenzen für seine psychische Gesundheit haben. Allein auf einem grausamen oder »gefährlichen« Wissen zu sitzen, ist für das Selbstgefühl oft sehr bedrohlich.

Verschwiegene Geschichten wirken häufig auch deshalb destruktiv, weil sie den Dialog und die Möglichkeit, höchst menschliche Themen mit anderen zu teilen, verhindern. Oft senkt sich Schweigen über Themen, die mit Scham oder anderen Formen von Erniedrigung verbunden sind, wie beispielsweise Geisteskrankheiten, Erbkrankheiten, Gewalt, Misshandlungen, Selbstmord, sexuelle Übergriffe, Kriminalität, Untreue, Abtreibung, Zweifel an der Vaterschaft, sexuelle Neigungen,

Arbeitslosigkeit, Entlassung aus dem Arbeitsverhältnis, schlechte Schulleistungen, Armut, Rassismus und kulturelle Diskriminierung.

Eine andere Kategorie von Schweigen, der wir im Therapieraum begegnen, ist das Ergebnis von Gedächtnisverlust in Verbindung mit traumatischen Erlebnissen. Das können schlimme, von Menschen verursachte Geschehnisse wie Gewalt und andere Übergriffe in einer engen Beziehung sein, aber auch Unfälle oder Naturkatastrophen. Solche Belastungen führen unter Umständen zu einem Verlust des Erinnerungsvermögens durch hirnphysiologische Ursachen. In »Der Schatten an der Hauswand« haben wir zunächst vermutet, dass der Gedächtnisverlust des Mädchens mit wiederholten traumatischen Erfahrungen während ihres turbulenten Lebens im Drogenmilieu zusammenhing. Außerdem waren viele ihrer traumatischen Erfahrungen stark mit Scham, Schuld und Erniedrigung verbunden, was es für sie angenehm erscheinen ließ, sie zu vergessen.

In unserer Gesellschaft und in unserer gesamten Kultur herrschen tief verwurzelte Vorstellungen, die sich in Sprichwörtern wie »Schweigen ist Gold« niederschlagen. Das kann schwerwiegende Folgen haben, wie die Geschichten dieses Buches illustrieren. Andererseits grassieren in der Gesellschaft heute auch neue populäre Klischees, die beispielsweise fordern, »alles müsse ausdiskutiert werden«. Es wird viel geredet, ohne dass es die Betroffenen tief genug berührt, um Bewegung und Veränderung zu ermöglichen. Viele Paare kommen mit ihren Schwierigkeiten in eine Therapie und sind verzweifelt, weil sie unendlich viel miteinander geredet haben, ohne dass Erfolge sichtbar wurden. Viele glauben, das einzig Wirksame sei es, einander zu rationaler Auseinandersetzung anzuhalten. Das geht selten gut, entspricht aber der Botschaft der Gesamtkultur, dass nur das klar Erkennbare und Rationale wirklich ist.

Doch es gibt andere »Sprachen« als die verbale, und manchmal ist bloßes Schweigen Ausdruck des Friedens, der Fürsorge füreinander und eines Stillebedürfnisses, weil der eine oder die andere keine Überdosis verbaler Exzesse mehr ertragen kann. Ich habe als Therapeutin viele Fälle gesehen, in denen auch unendliche Ströme von Wörtern nicht zu einer Veränderung geführt haben. Innere Prozesse sind etwas Zartes und Verletzbares und müssen mit Vorsicht behandelt werden. Das habe ich mit diesen Geschichten zu zeigen versucht.

Eine weitere stumme Geschichte liegt tief in der Kultur unserer Gesellschaft begründet. Es handelt sich um die oft abgrundtiefe Differenz zwischen expliziter und unterschwelliger politischer Ideologie und Praxis. Ein Beispiel dafür ist die Behandlung von Drogenabhängigen. Die Geschichte »Der Schatten an der Hauswand« zeigt deutlich, wie wichtig es für die junge Frau ist, dass ihr als Teil des Rehabilitierungsprogramms eine psychotherapeutische Behandlung angeboten wird. Es tut weh, erkennen zu müssen, dass in unserem Wohlfahrtsstaat manche Jugendliche nicht dem Ideal des Starken und Gesunden entsprechen. Dasselbe gilt auf dem Gebiet der Armut. Ich habe viele arme, oft allein erziehende Eltern im Therapieraum erlebt. Auch um diese Gruppe breitet sich in großem Maße Schweigen aus. Es passt nicht zu unserer Wohlfahrtsgesellschaft, dass Kinder an ganz gewöhnlichen Schulaktivitäten nicht teilnehmen, weil die Familie es sich nicht leisten kann. Es tut weh, miterleben zu müssen, wie eine Mutter ihr Kind am Tag des Skiausflugs krankmeldet, weil sie ganz einfach kein Geld dafür hat.

Dementsprechend können wir auch gegenüber unserem eigenen Fundamentalismus, der uns möglicherweise schon seit vielen Generationen begleitet, blind werden. In diesem Buch kommt er unter anderem in den Geschichten »Der Fluch« und »Das Haus des Pfarrers« zum Ausdruck.

Die norwegische Kultur ist durchsetzt von verschwiegenen

Themen. Rassismus und Diskriminierung einzelner Volksgruppen sind ein Beispiel, das Recht des Stärkeren und versteckter Neid zwischen den unterschiedlichen Schichten ein anderes. Das sind ganz zentrale Probleme, doch sie sind zu groß für dieses Buch.

Stumme Geschichten in der Kultur handeln von dem, was wir als gegeben hinnehmen, was uns selbstverständlich erscheint und was wir erst wirklich wahrnehmen, wenn wir mit ganz anderen Arten von Verständnis, Glauben und Handeln konfrontiert werden. Im Therapieraum begegnen wir vielen Arten von verschwiegenen Themen, ob nun ein Individuum allein an ihnen trägt, eine Gruppe, eine Familie oder sogar eine renommierte gesellschaftliche Institution. Im Therapieraum ist es wichtig, zwischen dem, was bewusst zurückgehalten und als Geheimnis bewahrt wird, und den verschwiegenen, eher unbewussten Teilen der Geschichte eines Menschen zu unterscheiden. Eine Annäherung an das bewusst Zurückgehaltene oder an das Unbewusste erfordert eine unterschiedliche Vorgehensweise in der therapeutischen Arbeit.

Die Geschichten in diesem Buch ermöglichen einem größeren Publikum Einblick in diese Zusammenhänge, was meiner Meinung nach für jeden Einzelnen, für Fachkreise und für die Gesellschaft insgesamt von Bedeutung sein kann. Der Zusammenhang zwischen dem persönlichen Leid der Menschen und Problemen, die in der Gesellschaft geschaffen und aufrechterhalten werden, tritt im Therapieraum deutlich zu Tage. Das Wissen darum, wie die Menschen *selbst* ihr Leid erleben, sollte viel stärker in die gesellschaftliche Debatte über die Gestaltung der psychischen Gesundheitsvorsorge, der Drogenberatung, der Kinder- und Jugendfürsorge und anderer entsprechender Bereiche einfließen. Ich hoffe, dass dieses Buch einen Beitrag dazu leistet.

Das Haus des Pfarrers

Es war im Jahre 1972, an einem gewöhnlichen heißen und feuchten Spätsommertag in den USA. Ich arbeitete als frisch gebackene Psychologin an einer Child Guidance Clinic[1] in einer kleinen Universitätsstadt in Wisconsin. Das Land war fruchtbar und wohlhabend und verfügte über ein gut entwickeltes Ausbildungssystem. Es gab riesige Gebiete mit wogenden Weizen- und Maisfeldern, und Land- und Forstwirtschaft waren die wichtigsten Wirtschaftszweige. Viele Skandinavier hatten sich in Wisconsin niedergelassen. Die Amerikaner norwegischer und schwedischer Herkunft waren oft Bauern und Fischer, während die Finnen die Forst- und Holzwirtschaft in den großen Laubwäldern am Lake Superior an der Grenze zu Michigan vorzogen. Die kleinen skandinavischen Gesellschaften hatten eine Tradition streng religiöser Werte und Normen mitgebracht. Die meisten gehörten unterschiedlichen Gruppierungen der protestantischen Kirche an und galten, was ihren Glauben und ihre Lebensform betraf, als fundamentalistisch. Ihr Glaube beruhte sehr stark auf der Idee der Erbsünde, also der nicht wieder gutzumachenden Sündhaftigkeit, die Gott zu Recht erzürnt und ihn dafür sorgen lässt, dass seine »Kinder« Züchtigung erfahren.

Viele der Klienten der Klinik, in der ich arbeitete, hatten skandinavische Vorfahren. Ein Pionier der Familientherapie in den USA, der Psychiater C.F. Middleforth,[2] hatte in dieser

Gegend schon mit ein paar Generationen skandinavischer Familien gearbeitet und darüber geschrieben, besonders über die strenge protestantische Lebensführung, die diese Skandinavier auch in die Praxis des Psychiaters mitbrachten. Middleforth war der Meinung, dass die restriktiven Einstellungen und Verhaltensweisen durch die Fixierung auf Sünde, Schuld und Strafe die psychische Gesundheit der skandinavischen Einwanderer belasteten. In unserer Klinik hatten wir es häufig mit psychischen und psychosomatischen Krankheiten zu tun, die mit dem strengen, aus den Herkunftsländern importierten Kulturerbe der Skandinavier in Verbindung gebracht wurden.

Die Klienten aus der skandinavischen Bevölkerungsgruppe waren für ihre Wortkargheit bekannt. Viele folgten dem Prinzip des »less said, less harm«, oder wie ein bekanntes norwegisches Sprichwort sagt: »Schweigen ist Gold«. Den Regeln ihrer strengen Glaubenskultur zufolge sollte man sich hüten, zu viel zu sagen, da es Wut, Rache und Unglück für die eigene Familie oder für andere Familien heraufbeschwören konnte. Ein gekränkter Mensch würde für den Rest seines Lebens gekränkt sein, und wer die kränkenden Worte ausgesprochen hatte, würde früher oder später bestraft werden. Also war es das Beste, Dinge nur vorsichtig anzudeuten, ohne kränkende Worte auszusprechen, und sich nicht in die Angelegenheiten anderer hineinziehen zu lassen. Man sprach nicht über Probleme, Krankheit und Leid. Es war am besten, seine Gefühle zu verbergen und so wenig wie möglich zu sagen. In den Familien, die psychologische Hilfe suchten, gab es deshalb nur wenig Ansatzpunkte für einen Therapeuten, der ja hauptsächlich auf das gesprochene Wort angewiesen ist, um ein therapeutisches Gespräch und einen Prozess in Gang zu setzen.

Eine unangemeldete Anfrage

An einem fast unerträglich heißen und feuchten Tag kam eine gut gekleidete Frau unangemeldet in die Klinik. An der Rezeption bat sie darum, mit einem Psychologen oder einer Therapeutin sprechen zu dürfen. Die Sekretärin rief mich an, und ich bat die Frau in mein Büro. Mein erster Eindruck von ihr war der einer hübsch gekleideten, höflichen und sehr eloquenten Frau Anfang dreißig. Sie wirkte sehr gebildet, und ihre Ausdrucksweise war für die Verhältnisse in dieser Stadt vergleichsweise urban. Sie wirkte sehr zart; ihr Gesicht schien traurig, und ihre Körperhaltung war angespannt.

Ich bemerkte, dass ihre Gesichtsmuskulatur ab und zu zuckte und ihr dabei Tränen aus den Augenwinkeln liefen. Die Zuckungen waren möglicherweise eine Art muskulärer Bereitschaftshaltung, die sie in die Lage versetzte, sich gegen starke Gefühle zu schützen und, so dachte ich kurz, auch gegen das Weinen. Sie bekam rote Augen, doch als ihre sonst glatte Gesichtsmuskulatur sich in einigen kurzen Zuckungen verzog, wurden die Tränen zurückgedrängt. Sie benutzte mehrmals das Wort rational, und es war deutlich, dass sie den Eindruck einer rationalen Frau machen wollte. Ich dachte, das Gegenteil von rational ist irrational, und Irrationalität war möglicherweise in ihrer Umgebung nicht besonders gern gesehen.

Die Frau, die ich hier Emilie nennen will, entschuldigte sich dafür, unangemeldet gekommen zu sein, doch sie habe davor zurückgeschreckt, Kontakt zu uns aufzunehmen. Ganz zufällig sei sie an der Klinik vorbeigekommen, habe die Öffnungszeiten gelesen und sich auf merkwürdige Weise angezogen gefühlt. Sie fügte hinzu, sie habe schon sehr oft vorgehabt, die Klinik anzurufen und um einen Termin zu bitten, doch daraus sei irgendwie nie etwas geworden. Nun sei sie sowieso in der

Stadt gewesen, und da habe es ausgezeichnet gepasst. Außerdem sei es schön, in einen kühlen Raum zu kommen, denn draußen sei es zum Ersticken heiß.

Ich fragte Emilie, ob es etwas Bestimmtes gebe, worüber sie mit mir sprechen wolle. Sie nickte, zögerte einen Moment und sagte dann, es ginge nicht um sie selbst, sondern um ihre neun Jahre alte Tochter Maren. Mit der Tochter sei irgendetwas nicht in Ordnung, behauptete Emilie. Ich fragte, ob sie näher erklären könne, worin sich das ausdrücke, doch sie meinte, das sei nicht möglich. Sie beschrieb das Problem der Tochter als »einen Schaden, den sie in sich trägt, den aber niemand sehen kann«. Dieser Schaden, meinte die Mutter, sei wie eine Bombe, die jederzeit explodieren könne. Emilie hatte schon mehrmals aus demselben Grund einen Arzt aufgesucht, der jedoch hatte keinen organischen Befund feststellen können, aus dem hervorgegangen wäre, dass mit dem Mädchen etwas nicht stimmte.

Man vereinbarte einen Termin für eine psychologische Untersuchung der Tochter. Die Problematik wurde in der neu angelegten Krankenakte folgendermaßen formuliert: »Die Mutter des Kindes behauptet, mit dem Kind sei etwas nicht in Ordnung, doch das könne man nicht sehen.«

Bei der Behandlung des Falls in unserer wöchentlichen Aufnahmebesprechung waren wir uns einig, dass Maren gründlich untersucht werden müsse. Mehrere der erfahrenen Kliniker und Therapeuten wiesen darauf hin, dass Mütter meistens Recht hätten, wenn sie behaupteten, ihr Kind habe ein Problem. Deshalb wollten wir alle Möglichkeiten nutzen und gründliche Untersuchungen vornehmen, um sicherzugehen, dass nichts übersehen worden war.[3] Als relativ frisch examinierte Psychologin hatte ich gute diagnostische Grundkenntnisse, unter anderem aus dem Einsatz psychologischer Tests, die auch neurologische Untersuchungen beinhalteten. Das Klinikteam beschloss, dass ich den Fall übernehmen und durch

Tests und Gespräche mit dem Kind herausfinden sollte, worin das Problem bestand.

Marens erster Termin

Maren war ein aufgewecktes, sensibles und »wohlerzogenes« Mädchen. Sie sprach ähnlich artikuliert wie ihre Mutter und wirkte sehr reif für ihr Alter. Es war nicht schwer, Kontakt zu ihr zu bekommen, und sie machte bei allen Untersuchungen konstruktiv mit. Sie absolvierte problemlos die zum Teil schwierigen Tests und befand sich bei allen Teiltests sowie in der Gesamtbewertung am oberen Rand des »Normalen«.[4] Es gab keinen Grund, bei Maren etwas Pathologisches zu vermuten, obwohl wir auch in ihre inneren Sphären vorgedrungen waren, um herauszufinden, ob mit ihr irgendetwas nicht in Ordnung war, »was niemand sehen konnte«.

Maren war eine angenehme Gesprächspartnerin und besaß einen ausgeprägten Sinn für Humor. Dennoch nahm ich an dem kleinen Mädchen auch einen wehmütigen Zug wahr. Wehmut ist allerdings bei Kindern dieses Alters nicht ungewöhnlich. Im Gegenteil, denn Maren befand sich in einer Lebensphase, in der existenzielle Fragen und moralische Probleme einen wichtigen Teil der Entwicklung ausmachen. In diesem Alter, in der Vorpubertät nämlich, nimmt das Kind immer mehr Anteil an der gedanklichen, moralischen und emotionalen Welt der Erwachsenen, während gleichzeitig die körperliche Entwicklung der Pubertät einsetzt. In dieser Phase sind Kinder häufig sehr verletzbar.

Als die Untersuchungen beendet waren und wir das Material ausgewertet hatten, gab es also keine Anzeichen dafür, dass Maren psychologische oder organische Probleme hatte. Die Ergebnisse wurden Marens Mutter bei einem Treffen in der Klinik mitgeteilt. Wir hatten gedacht, dass sie, die so besorgt gewesen war, nun sehr froh sein würde zu hören, dass gründliche Untersuchungen keinen »Schaden« bei Maren hatten nachweisen können. Stattdessen wirkte Emilie nachdenklich, verzichtete auf jeden Kommentar, bedankte sich und ging.

Ein weiterer unangekündigter Besuch

Drei, vier Wochen später kam Emilie erneut in die Klinik und bat uns, ihre Tochter noch einmal zu untersuchen, da sie befürchtete, wir hätten etwas übersehen. Sie wisse, dass mit ihrer Tochter etwas nicht in Ordnung sei, und habe große Angst davor, was geschehen könnte, wenn niemand es herausfand.

Der Fall wurde erneut mit dem Klinikteam diskutiert, und wir einigten uns darauf, dass unsere erfahrene Kinderpsychiaterin[5] und ich gemeinsam mit Maren sprechen sollten, um mehr über sie zu erfahren. Auch bei dieser Begegnung konnten wir nichts Anormales an dem Kind feststellen. Sie schien uns ebenso wie bei den vorherigen Tests sehr reif zu sein und gut zu »funktionieren«. Als wir Emilie dies berichteten, war sie selbstverständlich froh, dass Fachleute ihre Tochter für gesund hielten, hatte jedoch immer noch Zweifel.

Drei Wochen nach diesem Gespräch kam Emilie erneut zu uns und klagte, dass sie selbst darunter leide, das Gefühl nicht loszuwerden, mit ihrer Tochter stimme etwas nicht.

Wir fanden das merkwürdig, wussten jedoch aus Erfahrung, dass Eltern, die das übertriebene Gefühl haben, ihrem Kind fehle etwas, sich häufig eine Diagnose wünschen, an der sie ihre Sorge festmachen können. Diesmal nahmen wir auch Kontakt zu Marens Schule auf und sprachen mit dem Direktor und der Klassenlehrerin. Doch auch hier erfuhren wir lediglich, dass Maren in jeglicher Hinsicht gut funktionierte. Sie wurde als sehr soziale und durchschnittlich gute Schülerin bezeichnet. Man war zwar der Meinung, Maren könne in manchen Fächern noch mehr leisten, aber das sei ein vorübergehendes Phänomen und nicht ungewöhnlich in dem Alter.

Wieder teilten wir dies der Mutter mit. Emilie wirkte unglücklich und angestrengt und litt unter häufigen Muskelzuckungen im Gesicht, während sie sprach. Ich hatte das Gefühl, dass sie verzweifelter war als bei unseren früheren Begegnungen und dachte, dass wir uns anders orientieren mussten, um die Situation zu verstehen. Es konnte offensichtlich nicht mehr darum gehen, nach einer eventuellen psychischen Krankheit des Kindes zu suchen. Als Emilie andeutete, dass sie mit niemandem über ihre Sorgen reden könne, lud ich sie ein, in die Klinik zu kommen und allein mit mir zu sprechen. Das wollte sie gern, und wir machten einige Termine aus.

Die Gespräche mit Emilie

Emilie war froh, mit einer ungefähr gleichaltrigen Frau reden zu können, die selbst Kinder und Familie hatte und ebenfalls in eine neue, ihr unbekannte Umgebung gekommen war, wie sie sich ausdrückte. Ich sprach Englisch mit ungeschminkt norwegischem Akzent, und jeder konnte sofort erkennen, dass ich eine Fremde war. Emilie sah darin offenbar eine Chance zu sprechen, ohne auf die strengen Normen und die Ideologie ihrer häuslichen Umgebung Rücksicht nehmen zu müssen. Meinen Status als Fremde empfand sie als Befreiung. Nach etwas »Smalltalk« hatten wir beide den Eindruck, dass sich zwischen uns ein schöner und vertraulicher Dialog entwickeln konnte.

Es sollte sich schließlich herausstellen, dass Emilie eine

sehr dramatische Geschichte zu erzählen hatte – eine große Last, die sie nicht mehr alleine zu tragen vermochte. Nach kurzer Zeit enthüllte sie diese verschwiegene Geschichte, die wie ein schmerzhafter, ekliger Klumpen in ihr gesessen und ihr nie einen Augenblick Ruhe gelassen hatte.

Emilie stammte aus Milwaukee, einer großen Stadt in Wisconsin. Sie hatte ein Philologiestudium absolviert und gehofft, in ihrem Fachbereich beruflich tätig zu werden. Doch es kam anders. Sie heiratete den Pfarrer Ole Andersen, der es als seine Berufung empfand, seine seelsorgerische Tätigkeit in der Umgebung seiner Kindheit auszuüben. Er stammte aus einer skandinavischen Farmerfamilie, die um die Jahrhundertwende eingewandert war und sich hier angesiedelt hatte. Emilie und Ole hatten sich als Studenten an der Universität von Wisconsin kennen gelernt, und in dieser relativ sorglosen Zeit hatten sie sich frei und glücklich gefühlt. Auf dieser Grundlage hatten sie beschlossen, den Rest ihres Lebens gemeinsam zu verbringen.

Emilie hatte keinerlei Bedenken gehabt, mit ihrem Mann in die Gegend zu gehen, in der er aufgewachsen war und wo er jetzt eine Pfarrstelle bekommen hatte. Nach der Hochzeit zog das Paar also in die kleine Stadt, und ihr Mann trat seine erste Stelle als Pfarrer an. Emilie hatte geglaubt, sie würde an der Universität, die ungefähr eine Autostunde von ihrem Wohnort entfernt lag, arbeiten können, doch dazu kam es nicht.

Emilie wurde schwanger mit Maren. Trotz der Freude über die Empfängnis und Gottes Segen und die Bestätigung der ehelichen Fruchtbarkeit fühlte sich die junge Pfarrersfrau sehr isoliert und »in ihrem eigenen Körper gefangen«. Ihr Mann war, wie sie es ausdrückte, rund um die Uhr beschäftigt, und sie fühlte sich einsam und mit der Schwangerschaft allein gelassen und schien keine Bedeutung mehr für ihren Mann zu haben. »Das große Ereignis, das Kind, das ich bekommen sollte, wurde nichtig«, sagte Emilie. Ihr Mann zeigte wenig Interesse an ihr und an »dem Kleinen, das sich ganz unangemeldet in mir niedergelassen hatte«, wie sie es ausdrückte. Sie fühlte sich von ihrem Ehemann zutiefst im Stich gelassen und unendlich einsam.

Emilie versuchte, mit ihrem Mann über ihre schmerzhaften Gefühle zu sprechen, doch er bat sie zu verstehen, dass er als neuer Pfarrer seine Zeit der Gemeinde widmen müsse, dass er ein gutes Verhältnis zu seinen Vorgesetzten aufbauen und – vor allem – zu jeder Zeit für die Kinder Gottes da sein wolle. An erster Stelle komme seine Gemeinde, erklärte er, und erst danach seine Familie. Er »dürfe in seinen Handlungen nicht egoistisch werden«, sagte Ole. Er sprach außerdem von der Gemeinde als von »seinen Kindern, für die er da sein müsse, wenn sie ihn brauchten«, berichtete die junge Pfarrersfrau, während ihr die Tränen über das hübsche, glatte, weiße Gesicht liefen.

Emilie erzählte, sie habe damals wegen ihrer heimlichen Gedanken und Gefühle, dass sie und das Kind in ihrem Bauch die Nähe ihres Mannes mehr als irgendjemand sonst bräuchten, tiefe Schuldgefühle entwickelt. Manchmal war sie über die »grausame Wut und Verzweiflung« entsetzt, die sie gegenüber ihrem Mann, der Gemeinde und ihrer Umgebung, von der sie sich mehr und mehr distanzierte, verspürte. Mit der Zeit empfand sie Abscheu für ihre Situation und für die Umgebung, versuchte aber, diese »inakzeptablen und verachtungswürdigen Gefühle« zu kontrollieren, indem sie »ruhig und rational« auftrat. In dieser Phase merkte sie auch, dass ihr Körper erstarrte, ohne dass die Ärzte eine physische Erklärung dafür finden konnten. Ab und zu hatte sie ein Gefühl, »als ob mein Körper von etwas Fremdem in Besitz genommen worden wäre, das Ole dort hineingetan hatte«. Emilies Stimme klang verzweifelt, als sie das erzählte und hinzufügte, dass sie sich selbst dafür verachtete, so etwas Hässliches zu sagen.

Ole verbinde ein tiefer, fundamentalistischer Glaube mit der örtlichen Gemeinde, sagte Emilie. Sie selbst hingegen stünde außen vor. Sie gehöre nicht zu dieser Glaubensgemeinschaft. Sie fühle sich als Sünderin und sei nicht gut genug für sie.

Ole musste seiner Umgebung ständig beweisen, dass er ein guter Pfarrer war und sich von Herzen für seine Gemeinde engagierte. Emilie war zwar nicht »antireligiös«, wie sie es ausdrückte, betrachtete sich aber im Vergleich zu ihrem Mann als liberaler. Sie kam aus einem Milieu, in dem es selbstverständlich war, seine Meinung frei zu äußern, und sie litt sehr darunter, Glauben, Handlungen und Gefühle immer mit den Normen und Erwartungen des lokalen Milieus abgleichen zu müssen. Sie hatte das Gefühl, von manchen noch immer als unzulänglich verurteilt zu werden. Man habe es ihr auf unterschiedlichste Weise gezeigt, meinte Emilie, ohne es jemals auszusprechen. Sie fühlte sich als Pfarrersfrau mehr und mehr gescheitert.

Ihrem Widerwillen zum Trotz schien Emilie allmählich von den Glaubenssätzen und Ausdrucksformen ihrer Umgebung eingefangen und vereinnahmt zu werden. Obwohl sie sich selbst für liberal hielt, hatte sie mit der Zeit das Menschenbild ihres Mannes und seine Lebensform samt ihrer besonderen Beziehung zu Gott übernommen. Vor allem den Gedanken, dass Gott die Menschen für ihre Sünden bestraft, sowohl für die begangenen als auch für die nur gedachten, und natürlich für alles Böse in ihnen.

Emilies Gesicht zuckte häufig, während sie darüber sprach, und sie schien sehr unter Druck zu stehen. »Es ist gar nicht schlimm, wenn man mal weint«, sagte ich. Bei diesem Satz begann Emilie heftig und stoßweise zu schluchzen und hörte während fast des gesamten Gesprächs nicht wieder auf. Ihr Weinen rief in mir das Bild eines riesigen, gestauten Wasserfalls wach, dessen Staumauer bricht und das Wasser herunterschießen lässt. Der Wasserfall aus Tränen ließ sich lange Zeit nicht stoppen.

Schließlich beklagte sie, nun schon so irrational geworden zu sein, dass sie sich dem Weinen überlasse. Ich fragte, ob es ihr schaden würde, wenn sie sich selbst erlaubte, zu weinen und dadurch ihre Traurigkeit oder vielleicht eher ihre Trauer mit einem anderen Menschen zu teilen? Sie antwortete, dass sie als kleines Mädchen hemmungslos geweint habe, jetzt als Erwachsene jedoch Angst habe, das Weinen zuzulassen, denn es könne »einen Erdrutsch von Gefühlen« mit sich bringen, »über die ich keine Kontrolle mehr habe«. Gegen Ende des Gesprächs, nachdem sie eine Weile nachgedacht hatte, wiederholte Emilie, ich hätte ihr Weinen als Ausdruck von Traurigkeit und Trauer bezeichnet. Sie selbst denke, das Weinen öffne vielleicht Türen, die einen freieren Zugang zu der unerträglichen *Wut* in ihrem Inneren ermöglichen könnten. Ich bat sie, wenn es sie vielleicht zu Hause überkam, darauf zu achten, welche Gefühle durch das Weinen in ihr geweckt wurden. Dann könnten wir in unserer nächsten Stunde darüber sprechen.

Zu Beginn der nächsten Sitzung erzählte Emilie, dass die Tränen, die ihr in letzter Zeit oft gekommen seien, Traurigkeit und Trauer aus ihr herausgelassen hätten. »Die böse Wut, die mich fast bis zum Platzen beherrscht hat und die ich glaubte, niemals rauslassen zu dürfen, hat sich jetzt auf merkwürdige Weise von etwas Hässlichem und Bösem in etwas Menschlicheres, Versöhnlicheres und damit in etwas ganz Gewöhnliches verwandelt«, sagte Emilie und fuhr fort: »Ja, ich habe sogar gedacht, dass – andere, unvollkommene Menschen vielleicht auch solche Gefühle haben können?«

Ich dachte im Stillen, dass Emilie sich also in die Gemeinschaft der gewöhnlichen Menschen hatte aufnehmen lassen, was ihr Empfinden, total allein zu sein, minderte. Die Gefühle, die sie gerade beschrieben hatte, waren jetzt besser zu akzeptieren und ließen sie folglich in ihren eigenen und in den Augen anderer weniger verurteilenswürdig erscheinen. Das

Gefühl, von etwas Bösem und von ihrem eigenen Widerwillen getrieben zu sein, hatte sie mit niemandem teilen können. Doch jetzt, wo sie es zugelassen hatte, verzweifelt zu sein und zu weinen, waren die bösen Empfindungen ein Stück in den Hintergrund gerückt. Jetzt konnte sie sich das Weinen gestatten, in der Gewissheit, dass es hauptsächlich ein Ausdruck für ihre Trauer und ihre Traurigkeit war.

Sie könne nun mit Würde weinen und ohne die Kontrolle zu verlieren, berichtete Emilie. Dann weinte sie – wieder mit krampfartigen Schluchzern – und rang nach Atem. Ich fragte mich, ob sie wohl Kontakt zu dem bekommen könne, was die Traurigkeit und das heftige Weinen verursachte. Mir schien es an der Zeit zu sein, sich der Verzweiflung zu nähern, die sie zum Ausdruck brachte. Woher kam sie? Was löste sie aus?

Wir waren einen großen Schritt weiter. Es hatte sich deutlich gezeigt, dass Schmerz und Trauer in Emilies Familie weitaus akzeptabler waren als Wut und Ärger. Der nächste Schritt im Prozess war, dass Emilie erkannte, dass auch sie Trost und Aufmerksamkeit brauchte, ganz für sich allein und um ihrer selbst willen. Wir begannen, darüber zu sprechen.

Emilie erzählte, dass sie sich selbst als eigenständige Person fast aus dem Blick verloren hatte. »Ich war wie eine Aufziehpuppe«, sagte sie, »die immer sprang, wenn andere es wünschten, um ihnen zu Gefallen zu sein.« Sie hatte gelernt, sich selbst und ihre eigene Meinung den Anforderungen der Umgebung unterzuordnen. Dadurch vermied sie zwar offene Kritik von Seiten der anderen, doch das erschien ihr selbst nicht Grund genug, um sich auf diese Weise manipulieren zu lassen. Sie wusste nicht, warum sie es tat. Es gab offenbar Kräfte außerhalb ihrer selbst, die bestimmten, wie sie sich zu verhalten hatte und warum.

Ich merkte an, dass sie ja von einer Kultur umgeben und teilweise vereinnahmt worden war, die wortlos Prinzipien und Regeln dafür vorgab, wie die Menschen miteinander umzugehen und wie sie sich auszudrücken hatten. »Sie sind doch sicher in die Gemeinde eingebunden, auf eine wortlose, unhörbare und unsichtbare Weise, oder nicht?«, fragte ich. Sie war in eine Welt gekommen, die ganz anders war als die, in der Ole und sie in ihrer Studienzeit gelebt hatten. Sie war als Außenstehende dort hineingeraten, während Ole diese Welt von innen kannte. In der ersten Zeit der Ehe war Emilies eigene Kultur immer unwichtiger geworden, und das hatte ihre Identität, ihre Zugehörigkeit und ihre Gefühle bedroht. In dieser Phase hätte sie jemanden gebraucht, mit dem sie hätte reden können. Doch sie war allein.

Emilies Wert war in ihrer neuen Umgebung vollkommen abhängig von dem ihres Mannes. Die »anderen« Frauen betrachteten sie mit Skepsis. Für sie war sie anders und stand immer außerhalb ihres Kreises. Das Schlimmste sei gewesen, dass sie mit niemandem vertraulich hatte sprechen können, sagte sie. Es herrschte ein Schweigen in der Gemeinde, das sie aus der Gemeinschaft ausschloss. Sie hatte Angst, als »oberflächlich und unmoralisch« dazustehen und nicht untadelig genug zu sein für ihre Rolle als Frau des Pfarrers und als Mutter seiner Kinder. Ihr Mann dagegen erschien ihr und allen anderen als unvergleichlich herzensguter und wohlwollender Mensch.

Während Emilie davon sprach, erwähnte sie auch das Wort »Trauer« wieder. Ich fragte erneut, woher diese Trauer wohl komme. Daraufhin war es lange still, dann sagte Emilie, sie und ihr Mann hätten auf dem Weg vom Studentenleben in der Großstadt zum Eheleben auf dem Lande kostbare Seiten ihrer Beziehung verloren.

»Auf diesem Weg gab es eine lange Reihe von Verlusten«, wie sie sich ausdrückte, und auch dabei sei ihre Identität geschwächt worden. »Ich bin in einem Niemandsland gelandet, in einem Grenzgebiet«, sagte Emilie. »Ich gehörte nicht hierher und auch nicht woanders hin. Ich hatte kein Zuhause mehr, weder äußerlich noch in meinem Inneren. Ich konnte nicht nach Hause zu meinen Eltern fahren. Sie waren alt und hatten das Recht, vor Problemen geschützt zu werden. Meine Beziehung zu Ole und seiner heimatlichen Umgebung wurde auch dort zu einem stummen Thema. Ich habe mich der Waffe der anderen, des Schweigens bedient und es gegen sie eingesetzt. Ich habe weder Gefühle noch Gedanken mit anderen geteilt. Ich bin einfach gehorsam gesprungen, sobald es wieder galt, jemandem zu Gefallen zu sein. Ich habe mich gegen meine innere Verwirrung geschützt, indem ich mit mir selbst gesprochen habe, ohne dass jemand es hörte. Ich habe sie aus meiner Welt ausgesperrt.«

Das furchtbare Ereignis

Nach Marens Geburt war es allein Emilies Aufgabe, den Säugling zu versorgen. Während sie einerseits glücklich war, das Baby bekommen zu haben, war sie andererseits zutiefst enttäuscht. Sie fühlte sich verwirrt und unglücklich.

Ihr Mann hielt es nach wie vor für seine vorrangige Aufgabe, der Gemeinde zu Diensten zu sein und sich als guter Pfarrer zu erweisen. Als frisch heimgekehrter Sohn eines einflussreichen Farmers markierte er nun durch seine Tätigkeit als Pfarrer das Revier seiner Ursprungsfamilie im geistig-kulturellen Bereich. So hat der Sohn neues Terrain gerodet und erobert. Und er hat dafür gesorgt, den sozialen Status seiner mächtigen Familie noch weiter anzuheben.

Ich warf ein, Ole habe möglicherweise zwei Berufungen gehabt: einerseits seinem Gott zu dienen und andererseits eine Mission für seine starke Ursprungsfamilie auszuführen. »Könnte das vielleicht dazu geführt haben, dass es ihm nicht möglich war, verantwortungsvoll am Leben seiner eigenen Kleinfamilie teilzuhaben?«, fragte ich. Emilie nickte. Diesen

Gedanken habe sie schon oft gehabt, habe sich aber nicht berechtigt gefühlt, ihn mit ihrem Mann zu teilen, und schon gar nicht mit anderen.

Emilie hatte das Schweigen dieser Kultur übernommen und auch über ihre Verzweiflung mit niemandem gesprochen. Während sie dies in unserem Gespräch erzählte, verspürte sie erneut eine starke Trauer. Allerdings brachte sie diese im Vergleich zu vorher anders zum Ausdruck. Sie schämte sich ihrer Tränen nicht mehr, weder vor sich selbst noch vor mir.

»Ich habe jetzt das Gefühl, dass meine Trauer irgendwie berechtigt ist«, sagte Emilie. »Deshalb kann ich weinen und es geschehen lassen, dass vielschichtige Gefühle hochkommen.« Ein leichtes Lächeln trat in ihre Augen, als sie fortfuhr: »Ich kann jetzt weinen – ohne kaputtzugehen und daran zu ersticken. Ich habe festgestellt, dass unsere Gespräche mir die Erlaubnis gegeben haben zu sein, wie ich bin, verzweifelt, aber nicht mehr hilflos. Nicht mehr so verschlossen. Ich habe jetzt Kontakt zu vielen Arten von Gefühlen in mir, und sie sind mir nicht mehr fremd – auch zu einigen, die ich nicht so gerne mag, die ich aber habe und für die ich mich nicht mehr schäme. Ich bin wieder mehr, wie ich war, bevor ich hierher gezogen bin, obwohl ich auch finde, dass ich jetzt anders bin.«

»Es scheint mir, als hätten Sie einen Schritt in die Richtung gemacht, sich selbst zu akzeptieren, wie Sie früher waren und wie Sie heute sind, mit Ihren vielen Fähigkeiten und Ihren vielfältigen Ausdrucksweisen, im Guten wie im Schlechten«, kommentierte ich. Emilie lächelte zaghaft und sagte, dass sie mir jetzt auch noch etwas anderes erzählen könne, das sie sehr belastet habe: »Ich habe in einer Zeitung aus Milwaukee gelesen, dass ein früherer Partner von mir geheiratet hat und weit weg gezogen ist. Ich bin selbst erschrocken darüber, dass ich ein Verlustgefühl empfinde, eine Art Liebeskummer, obwohl ich als rationaler Mensch diese Beziehung seit vielen Jahren hinter mir gelassen habe. Ich habe schließlich selbst entschieden, mein Leben mit Ole zu verbringen, als seine Frau und in seiner Heimat.« Sie berichtete von den Schuldgefühlen, die sie ihrem Mann gegenüber hatte, weil sie ihm gewissermaßen in Gedanken und Gefühlen mit dem früheren Partner untreu gewesen war. Jetzt habe sie mehr und mehr das Gefühl, lebendig zu sein, und ihre Gefühle seien wohl noch immer intakt.

Emilie hatte die Prinzipien ihres Ehemanns und seiner Kultur übernommen, nach denen es egoistisch war zu erwarten, sie und das Kind hätten das Recht, im Kreise des Pfarrers wichtiger zu sein als andere »Kinder Gottes«. Neben diesen »vernünftigen Gedanken« trug Emilie aber auch eine unbändige Wut in sich. »Diese Wut habe ich abgeschüttelt, sobald ich spürte, dass sie mich erfassen wollte, sonst hätte ich vielleicht die Kontrolle verloren«, sagte sie. »Ich habe gelernt, in meine eigenen Gefühle hinein- und auch wieder herauszutreten, je nachdem. Ich kann vollkommen dichtmachen, bis das Gefährliche ausgelöscht ist.«

Ich fragte, was denn passieren könne, wenn sie die Kontrolle verlöre. Als Antwort erzählte Emilie die folgende Geschichte: »Eines Morgens, als das Baby weinte und meine Aufmerksamkeit forderte, habe ich mich völlig ausgelöscht und kraftlos gefühlt. Ich war verzweifelt und allein. Plötzlich stand ich am Kinderbett, habe das Baby herausgehoben und es mit aller Kraft gegen die Wand geschlagen – mehrmals.« Emilies Körper war bei diesen Worten ganz steif geworden, während sie gleichzeitig am ganzen Körper zitterte. Das Zittern nahm nach und nach ab, und sie sammelte offensichtlich Kräfte, um weiterzuerzählen.

Sie hielt die Luft an, entspannte sich wieder, räusperte sich und sprach weiter, jetzt mit flüsternder Stimme: »– Ich habe ihren Kopf… und ihren Rücken gegen die Wand geschlagen… Ich habe es automatisch gemacht, als würde etwas außerhalb meiner selbst mich steuern. Das war irgendwie nicht ich, die das tat. Ich bin irgendwie innerlich kaputtgegangen, habe mich selbst irgendwie verloren. Ich kann mich nicht an alles erinnern … der mechanische Teil … ist völlig weg, aber ich weiß, dass es passiert ist. Ich kann mich vage daran erinnern, als wäre eine leise Ahnung in mir bewahrt worden … denn ich habe mir selbst mehrmals geschworen, dass ich es nicht vergessen werde. Ich würde es mir niemals verzeihen, wenn ich es vergessen würde. Das ist zu einfach … aber ich habe einfach die Kontrolle verloren. Ich wollte sie nicht verletzen. Es ist einfach passiert, wie automatisch, als ob ich das Ganze in einem Film sehen würde … Trotzdem … am Ende muss ich sie ins Bett zurückgeworfen haben. Danach muss ich aus dem Haus gelaufen sein und war wohl weggetreten – wie lange, kann ich nicht sagen – eine Weile. Ich war zu Tode erschrocken und fühlte Explosionen in meinem Kopf. Ich bin dann irgendwie aufgewacht, zu mir gekommen, sollte ich vielleicht sagen, und habe auf einer Steintreppe an einem alten verfallenen Haus gesessen. Ich weiß noch, dass mein ganzer Körper zitterte und dass ich fror. Und dann kam mir das, was ich getan hatte, wie ein schmerzhafter Schlag ins Bewusstsein, und ich bin zurück zum Haus gelaufen.

Ich hatte schreckliche Angst, Maren tot aufzufinden – mein einziges Kind, mein Ein und Alles. Ich hatte meine Wut an ihr ausgelassen. Sie lebte, aber sie war völlig zerschunden.«

Emilie fuhr fort, von ihrer Reaktion auf das furchtbare Ereignis zu erzählen. »Ich war erfüllt von einem Gefühl des Schmerzes, es breitete sich wie ein schwerer Teig, den ich nicht unter Kontrolle hatte, in mir aus«, sagte sie. »Er hatte mein ganzes Inneres besetzt und meinen ganzen Körper. Ich habe dann einen starken Reinlichkeitsdrang entwickelt, konnte nicht anders, als mir ständig die Hände zu waschen und zu schrubben, sodass ich schließlich zum Arzt gehen und mir eine Salbe gegen wunde Haut verschreiben lassen musste. Meine Nägel mussten vollkommen sauber sein, mussten mehrmals am Tag gereinigt werden.«

Emilie hielt inne und weinte leise. Ich sagte, sie solle sich die Zeit nehmen, die sie bräuchte, sie müsse nicht alles auf einmal erzählen. Wir blieben eine ganze Weile stumm. Irgendwann fragte ich, ob ihr jetzt im Nachhinein Gründe dafür einfielen, warum sie einen solchen Reinlichkeitszwang entwickelt hatte. Diese Frage war für Emilie offensichtlich schwer zu beantworten. Sie konstruierte vielerlei Begründungen für die »wahnsinnige Reinlichkeit«, wie sie es nannte.

Schließlich berichtete sie auch von bösen Träumen, wiederkehrenden Alpträumen, in denen sie sich selbst sah, wie sie sich die Hände blutig schrubbte, das Blut sich aber nicht abspülen ließ. Es blieb einfach an ihren Händen kleben. »Es war nicht mein Blut«, sagte Emilie. »Ich hatte das Blut eines anderen Menschen an meinen Händen.« Dieses Bild war erschütternd für Emilie – und auch für mich. Wir wussten beide, wovon die Rede war, ohne dass es deutlich ausgesprochen wurde. Meinem Gefühl nach musste Emilie das Thema selbst wieder aufgreifen. Ich hielt es für wichtig, dass sie die Schuld anerkannte und ich sie ihr nicht abnahm.

Das Wichtigste war jetzt, dass ich ihre Verzweiflung spürte. Das tat ich und brachte es auch zum Ausdruck. Ich wollte den starken Gefühlen nicht ausweichen, aber ich wollte auch nicht so tun, als könne ich sie davon befreien. Sie selbst musste diese heftigen Gefühle annehmen. Es kostete Emilie viel zu erzählen, was sie ihrem Kind angetan hatte. Ich musste zurückhaltend sein, zuhören und ihre Gefühle respektieren.

Maren behielt keine sichtbaren Schäden zurück. Nach ungefähr zehn Tagen waren die meisten Wunden verheilt. Niemand konnte mehr sehen, dass ihre eigene Mutter ihr Gewalt angetan hatte.

Als der Pfarrer am Abend dieses furchtbaren Tages nach Hause gekommen war, hatte Emilie ihm nichts von den schrecklichen Ereignissen erzählt. Er hatte die Male am Kopf und im Gesicht des Kindes gesehen und sie darauf angesprochen, doch Emilie hatte gesagt, Maren sei ihr vom Wickeltisch gefallen. Nie wieder wurde im Pfarrhaus von dieser Episode gesprochen. Es wurde eine stumme Geschichte,[6] eingebettet in eine auch sonst schweigsame Familie – und in eine Kultur, in der es als erstrebenswert galt, so wenig wie möglich auszusprechen. Das Ereignis wurde zum Symbol für alles, worüber man in der Gegend nicht sprach, für alles, was nicht in die vorgeschriebenen Normen und Werte dieser Gesellschaft passte.

In Emilie wurde das Ereignis als etwas Übelkeit Erregendes, Furchtbares eingekapselt, an dem sie allein zu tragen hatte und das sie mit niemandem teilen konnte. Diese Erfahrung verfestigte ein tiefes Gefühl der Einsamkeit in ihr, das sie über viele Jahre lang nicht verließ.

Das Gespräch mit Ole und Emilie

Nachdem wir mehrmals über die lange verschwiegene Geschichte gesprochen hatten und Emilie sich an immer mehr Details erinnern konnte, schlug ich vor, ihren Mann zu unserem nächsten Treffen einzuladen. Emilie empfand das als bedrohlich und meinte, er wisse schließlich nicht, was tatsächlich geschehen war, und außerdem habe sie Angst, er würde sie für immer verurteilen, wenn er es erführe.

Mir wurde klar, dass die »heilige« Stille um das Geschehene, die in der Beziehung der Eheleute herrschte, nicht nur diese und ihre Generation betraf, sondern zunehmend auch die Kindergeneration einbezog, und zwar auf eine sehr ungesunde Weise. Jetzt war es Maren, die darunter leiden musste und zum Opfer der stummen Geschichte geworden war.

Maren wurde nicht nur immer mehr zur Repräsentantin für das tragische Ereignis von damals, sondern man betrachtete sie außerdem als Familienmitglied, das einen dauerhaften Schaden erlitten hatte und mit dem folglich etwas nicht in

Ordnung war. Durch die Wiederkehr der Geschichte, wenn auch in anderer Verkleidung, wurde Maren erneut zur Repräsentantin und zum Opfer der auf vielen Ebenen erstarrten Familiensituation. Sie konnte schnell zum Opfer der unausgesprochenen, sich selbst erfüllenden Prophezeiungen innerhalb der Familienkultur werden. Dabei hatte das Opfer selbst keine Chance, sich zu distanzieren und/oder die Situation in den Griff zu bekommen.

Wir erkannten hier eine sich selbst erfüllende Prophezeiung. Emilie hatte ihre Schuld tief in sich verschlossen und wartete nur darauf, von Gott dadurch vernichtet zu werden, dass Maren Schaden litt. Das sollte Emilies Sühne und Strafe sein. Sie »wusste«, dass sie die härteste Strafe verdiente und Gott so schlau war, seinerseits zu wissen, was das Vernichtendste für Emilie wäre: nämlich dass einem ihrer beiden Kinder etwas zustieß. Maren war das älteste Kind, und sie war in ihrer Familie dazu »auserwählt«, einen bis dahin unbekannten Schaden sichtbar zu machen.

Später wurde deutlich, dass Marens Problem nicht das traumatische Erlebnis an sich war, sondern die Tatsache, dass es in der Familie als gefährlich und somit auch als unaussprechlich betrachtet wurde. Eine starke Erwartungshaltung, die in der Familienkultur verfestigt und gut geschützt war, konnte das Kind also irgendwann in Schwierigkeiten bringen. Die Eltern äußerten dementsprechend die Sorge, dass sich die Prophezeiung in nächster Zukunft tatsächlich erfüllen würde, wohlwissend, dass sich Maren mitten in der Pubertät befand.

Emilie und Ole kamen wie vereinbart. Ole war Ende dreißig, hatte rötliches Haar und eine blasse Haut. Er wirkte sehr zurückhaltend und war nicht so redegewandt wie seine Frau. Ich bat ihn, ein bisschen davon zu erzählen, was für Sorgen sich seine Frau seiner Meinung nach wohl um Maren mache. Darauf erklärte er: »Ich habe Verständnis für Emilies Gefühle, aber ich muss sagen, dass es mich nicht so beschäftigt, ob Maren Probleme hat, die über das gewöhnliche Maß hinausgehen.«

Ich erwähnte, dass ich wisse, dass Emilie ihm von Marens Untersuchung in der Klinik erzählt habe, und fragte, ob er sich darüber Gedanken gemacht habe. Ole antwortete: »Ich war nicht überrascht, dass sie nichts Schlimmes gefunden haben, aber ich bin trotzdem froh, dass sie hierher gekommen sind. Ich habe ja auch bemerkt, dass Maren neuerdings eigene Meinungen vertritt, die sich deutlich von unseren unterscheiden, aber das ist ja wohl ganz normal in dem Alter.«

Ich fragte, ob ihn andere Dinge beschäftigten, die wir eventuell gemeinsam hier besprechen könnten. Ole antwortete sehr schnell, dass es einiges gebe, was er gern sagen wolle. Es habe mit ihm und Emilie zu tun, und er habe es bisher nicht geschafft, es anzusprechen.

Ole setzte sich gerade hin und bereitete sich auf eine lange Erklärung vor: »Ich bin eine Art Gesandter meiner Ursprungsfamilie gewesen. Das war schwer für Emilie. Ich wusste nicht, wie schlimm es tatsächlich war. Jetzt im Nachhinein kann ich sehen, dass ich nicht gut für sie gesorgt habe – für Emilie und die Kinder. Sie hat mit der ganzen Verantwortung allein zu Hause gesessen, während ich mit meinen Aufgaben als Pfarrer beschäftigt war. Ich finde das eigentlich schlimm, und ich merke, dass ich über mich selbst verzweifle und böse werde auf meine Eltern, weil sie so viel Druck auf mich ausgeübt haben, ohne dass jemals deutlich darüber gesprochen wurde. Aber jetzt sind sie alt, und ich muss die Verantwortung wohl selbst tragen. Das sehe ich jetzt deutlicher als früher.«

Ole war sehr bewegt, und ein paar Tränen liefen über sein Gesicht. Emilie saß sehr aufrecht da und hörte zu. »Als kleiner Junge war ich ein guter Schüler, aber ich war kränklich und hatte oft Asthmaanfälle und Ekzeme, wenn ich unter

Druck stand«, fuhr Ole fort. Während er sprach, bildeten sich rote Flecken auf seinem Gesicht. Ich dachte, dass er vielleicht gerade einen Ausschlag bekam, und fragte ihn, ob er sich jetzt unter Druck fühle. Ole antwortete: »Das kann schon sein, weil ich ja nicht weiß, wie andere eine solche Situation wie die unsere beurteilen.«

Dann fuhr er fort: »Mein jüngerer Bruder war kräftig und stark und nie krank. Er übernahm den Hof. Das war nur natürlich. Ich war ein besserer Schüler, eignete mich nicht für die Arbeit auf dem Hof, und wegen meiner Allergie konnte ich nicht auf den Feldern sein. Es kam mir richtig vor, dass mein Bruder den Hof übernahm und ich zu studieren begann. Dass ich Theologie wählte, war mir von vornherein klar. Meine Eltern wollten, dass einer von uns Pfarrer wird, also fiel das Los auf mich.« Seine Eltern hatten sich immer gewünscht, dass er Pfarrer wird. Die Familie war schon seit mehreren Generationen in der Kirche aktiv. Sie hatten große Geldbeträge für die Restaurierung und Erweiterung des Kirchengebäudes gespendet. Die hoch aufragende Kirche war zu einem Monument ihres Reichtums und ihrer Macht geworden. Ole war der Auserwählte der Familie, und er empfand eine große Verantwortung, diese Aufgabe zur Zufriedenheit aller zu erfüllen. Schließlich standen die Ehre und das Ansehen der gesamten Familie auf dem Spiel. Ole investierte all seine Kraft in die Pfarrarbeit. Anfangs erschien ihm das ganz natürlich, doch mittlerweile empfand er es als die falsche Wahl, denn es war auf Kosten der eigenen Familie, vor allem auf Kosten Emilies geschehen.

In den letzten Jahren hatte Ole eine wachsende Unsicherheit verspürt, manchmal sogar Angst. In Träumen wurde er von der Vision geplagt, Emilie verloren zu haben. So hatte er die Sehnsucht nach seiner Frau bemerkt. Auch wenn sie sich im selben Haus aufhielten, hatten sie doch den Kontakt zueinander verloren.

Er fuhr fort: »Ich habe Angst, dass es jetzt zu spät sein könnte. Dass sie mich vielleicht verlassen will. Dass sie Abscheu vor mir empfindet.« Emilie fiel ihm ins Wort und sagte: »Es sind schlimme Dinge bei uns passiert, die völlig an dir vorbeigegangen sind.« Es wurde still im Raum. Dann richtete sich Ole auf und sagte: »Ich weiß wahrscheinlich mehr, als du ahnst.«

Ich fragte, ob er das etwas genauer ausführen und deutlicher sagen könne, was er meine. Ole erklärte, dass er sich gut an den Anblick der kleinen Tochter erinnern könne, nachdem sie »vom Wickeltisch gefallen« war. Der Anblick des kleinen Mädchens habe sich ihm eingebrannt, und er sei das Bild nie ganz losgeworden. Wieder zeigte sein Gesicht einen rötlichen Schimmer. Auch das habe einen Abstand zu seiner Frau geschaffen, und es sei einfacher gewesen, sich von seinem Zuhause fern zu halten, als zu riskieren, dass Emilie ihn mit dem grausamen Ereignis konfrontierte. Ich bat ihn, genauer zu sagen, was er mit dem »grausamen Ereignis« meine. »Die Misshandlung von Maren«, antwortete Ole. Jedoch seien er und Emilie beide dafür verantwortlich gewesen, nicht sie allein. Er habe sie in die Verzweiflung und in die Einsamkeit getrieben.

Ole hatte gewusst, dass seine Frau verzweifelt war, wollte aber nicht zu erkennen geben, dass er von der Misshandlung wusste. Wenn er es gesagt hätte, wäre die Familie in Stücke gesprengt worden. Es sei besser gewesen, eine Illusion aufrechtzuerhalten, damit alle so tun konnten, als sei nichts geschehen. Im Laufe der Jahre hatte sich allerdings das Ereignis, das sie nicht erwähnen durften, in ihnen beiden und zwischen ihnen festgesetzt. Wie ein Pfropfen, der jegliche Kommunikation blockierte. Gleichzeitig hatte sein häufig stark gerötetes Gesicht der Umgebung vielleicht doch angedeutet, dass etwas nicht in Ordnung war. Nach und nach hatte er es immer unerträglicher gefunden, zu Hause zu sein. Paradoxerweise hatte er jedoch die Nähe zu seiner Familie vermisst, obwohl er sich alles Mögliche hatte einfallen lassen, um sich von ihr fern zu halten. Emilie begann zu weinen. Da rückte Ole seinen Stuhl neben den ihren und nahm sie in die Arme.

Der weitere Weg

Das Paar kam wieder und wirkte fröhlicher und entspannter. Beide berichteten von einem Zirkusbesuch mit ihren Kindern. Außerdem hatten sie Marens Freunde zu Kuchen und Brause eingeladen, als beide Eltern zu Hause waren, und Ole war mit seinem sechsjährigen Sohn Fahrrad gefahren. An diesem Tag, nach der Stunde bei mir, wollten sie in der Stadt gemeinsam essen gehen, ohne Kinder und andere Verpflichtungen.

Auf meine Frage, was jetzt wichtig für sie sei, antworteten beide, dass sie bei mir laut miteinander sprechen könnten und ich bereit sei, ihnen zuzuhören. Ich dachte, dass ich also als Zeugin der Geschichte fungieren und dazu beitragen würde niederzuschreiben, was jetzt ausgesprochen wurde, Stück für Stück. Danach könnten wir gemeinsam über das Gesagte nachdenken. Über vieles war noch nie zuvor gesprochen worden.

Die Geschichte hatte sich schon so weit entwickelt, dass versöhnliche Sätze fielen. Emilie und Ole hatten zu Hause viel über das Ereignis gesprochen, das früher unaussprechlich gewesen war, und Ole wiederholte noch einmal, dass er ebenso wie Emilie dafür verantwortlich sei.[7] Er habe nämlich erkannt, dass ihm seine eigene Ehre und sein Ansehen wichtiger gewesen seien als seine Familie, insbesondere als seine Frau. Nun sei er bereit, »dafür etwas zu tun«, wie er es in bestimmtem Ton formulierte.

Emilie und Ole brachten beide zum Ausdruck, dass das Schweigen über dieses Thema zu großen Problemen zwischen ihnen geführt und indirekt auch die Tochter in Mitleidenschaft gezogen habe. Emilie hatte Hilfe gesucht, als sie erkannte, wie ihre Tochter zum Opfer von etwas wurde, von dem sie selbst nichts wusste: Nämlich dass ihre Eltern geradezu darauf warteten, dass die Lunte abbrennen und die früher »nicht sichtbaren« Schäden hervorbrechen würden. Dem hatte sie vorbeugen wollen.

Das Schweigen hatte das gesamte Familienklima infiziert und dazu geführt, dass die Familie viel Kraft darauf verwendet hatte, einander aus dem Weg zu gehen und so wenig wie möglich miteinander zu teilen. Emilie hatte sich mehr und mehr von ihrem Mann und ihrer Umgebung isoliert. Sie hatte sich als Person ausgelöscht gefühlt, sich nach und nach aus allen sozialen Zusammenhängen zurückgezogen und ein von Angst und Zwängen geprägtes Verhalten entwickelt. Sie hatte ihre muntere Beredsamkeit und ihre Freude daran, Gedanken und Gefühle auszutauschen, gegen die Familienkultur ihres Mannes eingewechselt. In dieser Kultur war Schweigen ein hoher Wert, und es wurde als reifer betrachtet, seine Probleme für sich zu behalten und anderen nicht zur Last zu fallen. Emilie hatte aufgehört, ihre innere Welt mit anderen zu teilen.

Ole hatte seinerseits in dem Glauben gehandelt, seine wichtigste Aufgabe sei es, die Mission der Eltern zu erfüllen und seiner mächtigen Familie durch das Pfarramt Würde, Ehre und Anerkennung einzubringen. Er war nicht auf die Idee gekommen, dass es für ihn als Ehemann und Familienvater die wichtigste Aufgabe gewesen wäre, mit seiner Frau und seinen Kindern eine neue Familienkultur zu erschaffen. Stattdessen hatte er sich weiterhin eher wie ein Sohn verhalten und nicht wie ein erwachsener Mann mit einer eigenen Familie. Er hatte aufmerksamer auf die Wünsche seiner Eltern geachtet und auf ihre oft stummen »Mitteilungen«, was sie durch ihren Sohn zu erreichen hofften, als auf die Wünsche seiner Frau. Dadurch hatte er ihr gemeinsames Projekt völlig aus den Augen verloren.

So kam es, dass Emilie ganz allein die große Verantwortung für die Kinder zu tragen hatte, ebenso wie für alles andere, was ihre Familie betraf. Dadurch hatten sich die beiden Ehepartner mehr und mehr voneinander entfernt, und die Fokussierung auf Maren war ein Signal dafür, dass die Existenz der Familie in Gefahr war.[8]

Im Dialog zwischen Emilie und Ole, bei dem ich eine außen stehende Zeugin war, die auch naive Fragen stellen[9] oder das Gesagte kommentieren konnte, wurde endlich durchgesprochen, was früher in der Familie ein »stummes« Thema gewesen war. Nicht als isoliertes Ereignis, sondern als etwas, das in einem lokalen, kulturellen Zusammenhang entstanden war. Dieser Zusammenhang umfasste die spezifisch religiöse, puritanische Glaubenskultur, der die Familie verpflichtet war und die Ole als Erbe seiner Ursprungsfamilie mit in seine eigene Familie hineintrug. Zugleich umfasste die Geschichte auch ein vertieftes Verständnis dafür, dass das für beide beschämende und grausame Ereignis zu einer Art Ikone geworden war, die allen unzugänglich unter der Oberfläche verborgen blieb. All dies wollten sie nun ans Licht holen und versuchen, seine Einflusskraft etwas zu mildern.

Ich hatte das Gefühl, dass es destruktiv und zu einfach wäre, die Bürde des grausamen Ereignisses allein Emilie aufzuladen. Deshalb sagte ich zu Emilie, ich hätte es klug und mutig von ihr gefunden, in die Klinik zu kommen und Hilfe für ihre Tochter und ihre Familie zu suchen. Auch wenn das Problem nicht bei der Tochter gefunden wurde, wie sie anfangs vielleicht befürchtet hatte, sei es richtig, dass Maren in Gefahr sei. Es sei richtig, dass mit Maren etwas hätte schief laufen können, wenn die Eltern weiterhin geglaubt hätten, dass sie einen Schaden in sich trage, den niemand sehen könne.

Jetzt hatte sich herausgestellt, dass die Pfarrersfamilie eine

Tochter hatte, der nichts fehlte und auf die man mit den besten Gründen stolz sein konnte. Nun wollte ich von beiden Eltern wissen, ob es einen Grund gebe, Marens Signalfunktion für das Befinden der gesamten Familie aufrechtzuerhalten.

Diese Frage setzte zwischen den beiden eine heftige Diskussion in Gang, und als sie das nächste Mal kamen, war ihnen klar geworden, dass sie Maren nicht mehr »benutzen« wollten, um miteinander ins Gespräch zu kommen.

Ich fragte, ob Ole, der als Pfarrer ja Gottes Sprecher auf Erden sein sollte, mir erklären könne, was Gott wohl über diese Situation denke. Mich interessierte vor allem, ob Gott die Familie strafen und worin die Strafe gegebenenfalls bestehen würde, wer bestraft oder wer geopfert würde und wie lange die Sühne möglicherweise dauern könnte.

Ole und Emilie waren von der Frage sehr berührt. Es entstand eine lange Pause. Dann sagten beide, sie hätten dieses Thema zwar noch nicht so formuliert, wie ich es gerade getan hatte, jedoch in ihren Gesprächen zu Hause oft dieselben Gedanken berührt. Sie sahen einander zunächst sehr versöhnlich in die Augen, dann schauten sie mich sehr ernst an. Ole richtete sich auf und sprach feierlich, wie es sich für einen Pfarrer gehört: »Da Sie mich nun fragen, der ich hier als Gottes ehrfürchtiges Kind sitze, aber auch als eine Art Diener Gottes auf Erden, will ich Folgendes dazu sagen: Ich meine, dass das Urteil unseres Herrn milde sein wird in diesem Fall. Emilie trägt nicht allein die Schuld für das, was geschehen ist. Wir Erwachsenen müssen sie teilen, jeder trägt die Hälfte. Maren oder John (das jüngste Kind) werden nie wieder Opfer unserer Sünden werden. Das hat diese Erfahrung uns für immer gelehrt. Weiterhin glaube ich, dass Emilie schon viele Jahre gebüßt hat und bei alledem, was im Laufe der Jahre in unserer Ehe geschehen ist, so viel Leid erfahren hat, dass Er von ihr keine weitere Buße mehr verlangen wird. Ich hingegen habe noch viel zu lernen, und ich werde vom heutigen Tag an meiner kostbaren Familie alle Aufmerksamkeit widmen, derer ich fähig bin.«

Ole dachte kurz nach und fuhr dann fort: »Ich glaube, Gott sieht auch, dass ich eine Mission für meine Eltern ausgeführt habe. Ich habe ihre Sünden wieder gutgemacht, ihren – manchmal auf Kosten anderer erkämpften – Reichtum und ihre Macht. Sie haben heute einen Ruf als einflussreiche und ehrenhafte Menschen. Ich habe meinen Auftrag erfüllt. Ich stehe jetzt am Anfang einer anderen Phase meines Lebens und hoffe, dass Emilie und ich sie gemeinsam gestalten können, zusammen mit unseren Kindern.«

Ich wandte mich an Emilie: »Was meinen Sie?« Emilie sagte mit der Stimme einer mündigen und selbstbewussten Pfarrersfrau: »Ich bin eine eigenständige Person, und ich werde von jetzt ab die Verantwortung für meine Gedanken und Gefühle übernehmen. Ich werde sie wieder mit Ole teilen. Ich bin bereit, für unsere Familie zu kämpfen, und ich werde ausdauernd sein. Ich werde von jetzt an meine eigene Sprache sprechen und mehr in Übereinstimmung mit meiner eigenen Weltanschauung und Kultur leben. Diese Seiten von mir werde ich gerne mit meinem Mann teilen, auch wenn sie ihm bis jetzt unbekannt waren. Ich sitze hier nicht als eines der Kinder aus Oles Gemeinde. Ich sitze hier als eigenständige Person, als Oles Ehefrau und als stolze Mutter von zwei wunderbaren Kindern – an denen nichts verkehrt ist.« Jetzt traten uns allen Tränen in die Augen. Emilie fuhr fort: »Ich will das Ungesagte aussprechen, auch wenn es schrecklich ist. Ich will nicht mehr von dem Unausgesprochenen tyrannisiert werden, weder in mir selbst noch in meiner Familie noch in der Gesellschaft um mich herum.« Pause. Tränen liefen und wurden getrocknet.

Ich sagte, ich hätte den Eindruck, neben zwei eigenständigen Menschen zu sitzen, die alle Voraussetzungen dafür hätten, eine geschlossene Einheit zu bilden und eine gute Atmosphäre für sich und ihre Kinder zu schaffen. Ich formulierte auch, wie froh ich sei, dass sie zwischen ihren eigenen und Gottes Strafbedürfnissen unterschieden und Gott in diesem Falle von der Rolle des Zerstörers freigesprochen hätten. Die Sühne, die sie nun beendet zu haben meinten, sei offensichtlich selbst auferlegt gewesen und könne somit auch durch eine eigene Entscheidung beendet werden. Meiner Einschätzung nach sei das Schweigen um das schlimme Ereignis ein Lösungsversuch gewesen, der, wenn er vielleicht auch falsch gewesen sein mag, eine gewisse Zeit seine Funktion gehabt, sich jetzt jedoch, wo die Familie anders funktioniere, erübrigt habe.

Dies war unser letztes Gespräch. Ungefähr ein Jahr später traf ich die Familie in der Stadt, und alle wirkten fröhlich und zufrieden. Sie erzählten, dass sie beschlossen hätten, nach Milwaukee zurückzuziehen, »wo der Himmel so hoch ist«, sagte Emilie. Ole hatte dort eine Stelle bekommen und Emilie das Angebot, als Teilzeitkraft an einem College zu unterrichten. Die Kinder fanden es offenbar cool, in eine Großstadt zu ziehen. Die Eltern von Emilie waren sehr alt, und sie und Ole freuten sich darauf, mehr Kontakt zu ihnen und zu Emilies restlicher Familie pflegen zu können.

Petter Pettersens Saga

Der zehnjährige Petter wurde von einem Schulpsychologen für eine Gesprächstherapie zu uns überwiesen. Petter hatte aufgehört zu sprechen. Er wirkte aggressiv, schwermütig und traurig und hatte sich in seinem sozialen Umfeld isoliert. Lehrer und Betreuer hatten Angst, er könne sich oder anderen Schaden zufügen. Einige, die Petter kannten, befürchteten, dass ihm etwas Schlimmes widerfahren sei. Früher sei er mitteilsam, ruhig, stabil, ein relativ guter Schüler und sozial aktiv gewesen. Den Kontaktpersonen an der Schule waren keine besonderen Probleme in Petters Familie bekannt. Seine Mutter war immer zu den Elternabenden und den anderen Elternaktivitäten an der Schule erschienen und war offensichtlich eine sympathische Frau, die sich für ihr Kind interessierte. Im Bericht der Schule gab es keine Informationen über Petters Vater.

Die schulpsychologische Untersuchung hatte ergeben, dass Petter an selektivem Mutismus[1] litt und depressiv war. Es gab keinen nachweislichen Defekt seiner Sprechorgane, und es deutete auch nichts auf einen hirnorganischen Schaden oder eine Krankheit hin, die die Stummheit des Jungen hätten erklären können.

An der Schule hatten mehrere Menschen versucht, Petter zum Sprechen zu bewegen, jedoch ohne Erfolg. Die schwerwiegenden Veränderungen im Verhalten des Jungen waren für seine Umgebung so unverständlich, dass eine schnelle Behandlung nötig schien. Ich arbeitete mit der Kinder- und Jugendpsychiatrischen Klinik zusammen, an die Petter verwiesen wurde, und so wurde ich die Therapeutin von Petter und seiner Familie.

Wie sollte ich in diesem Fall als Therapeutin vorgehen? Das Verhalten des Jungen deutete darauf hin, dass es sich um etwas Ernstes handelte, und da konnten einem leicht Fehler unterlaufen. Auf jeden Fall musste ich versuchen, auf irgendeine Weise mit Petter in Kontakt zu kommen. Da er nicht sprach, war es nicht leicht herauszufinden, wie ich das erreichen konnte. Wir mussten versuchen, den Grund dafür zu finden, dass er so plötzlich aufgehört hatte zu sprechen. Das erste Ziel schien mir zu sein, ein Vertrauensverhältnis zu dem Jungen und seinen nächsten Angehörigen aufzubauen und sich dabei Zeit zu lassen. Er durfte sein Gesicht nicht verlieren. Stumme Gedanken kann niemand hören, und deshalb können sie auch nicht von anderen abgelehnt, abgewertet oder verurteilt werden, dachte ich. In diesem Sinne war Petter durch sein Schweigen geschützt. Vielleicht war das Schweigen ganz einfach eine physische Hemmung, die ihn davor bewahrte, von etwas zu sprechen, das für ihn oder Menschen, die ihm nahe standen, bedrohlich werden konnte?

Ich hatte das Gefühl, dass ich sehr darauf bedacht sein musste, nicht in festgelegten Strukturen zu denken. Das Schweigen des Jungen konnte mit Verhältnissen in seiner direkten Umgebung zu tun haben. Solange Petter selbst nicht sprach, durfte auch kein anderer für ihn sprechen, weder im Therapieraum noch anderswo.

Erste Begegnung mit Petter

Ich vereinbarte einen Gesprächstermin mit Petter und seiner Familie. Die Mutter kam allein mit ihrem Sohn. Petter betrat den Raum etwas widerwillig, zog den Stuhl, auf dem er sitzen sollte, aus dem Gesprächskreis heraus, setzte sich mit einem hörbaren Seufzer hin und sah auf den Boden. Er nahm keinen Blickkontakt auf, wirkte peinlich berührt und unruhig, machte aber gleichzeitig auch einen niedergeschlagenen und traurigen Eindruck.

Petter war recht groß für sein Alter, etwas pummelig und leicht übergewichtig. Babyspeck, dachte ich. Er trug eine große Uniformjacke, die ihm bis zu den Knien reichte, und große, schwere Bauarbeiterstiefel. Seine Kleidung signalisierte eine Coolness, die nicht mit dem weichen, etwas traurigen Gesichtsausdruck übereinstimmte. Seine ganze Körperhaltung zeugte davon, dass er in Ruhe gelassen werden wollte. Ich nahm die Botschaft zur Kenntnis und beschloss, sie zu respektieren, soweit das in dieser Situation möglich war.

Eine ethische Frage kam mir in den Sinn: Ist es nicht das Recht eines jeden Menschen, selbst zu entscheiden, wann und mit wem er sprechen will? War es richtig von mir und anderen Erwachsenen, in Petters Welt des Schweigens einzudringen?

Ich beschloss, dennoch davon auszugehen, dass der Junge Hilfe wünschte, um aus dieser Situation herauszukommen, auch wenn er es nicht sagen konnte. Paradoxerweise fiel er ja gerade durch das Schweigen deutlich auf und wurde »gehört«. Und immerhin war er hier erschienen. Außerdem hatte die Mutter Hilfe für ihren Sohn gesucht. Wir drei mussten die Situation also gemeinsam klären.

Hier saß eine Mutter allein mit ihrem großen Sohn, der am Anfang der Pubertät stand, »kurz vor dem Stimmbruch«, wie die Mutter erklärt hatte. Die Mutter sollte ihren Sohn beim

Übergang vom Jungen- zum Mannesalter allein begleiten. Der Junge zeigte einen stummen Widerstand gegen die selbstverständliche Nähe zwischen ihnen und vielleicht auch gegen seine Abhängigkeit von der Mutter. Er und seine Mutter bildeten zweifellos eine Einheit.

Die Tatsache, dass er im Stimmbruch war, erschien mir wie ein bezeichnendes Symbol für die familiäre Situation, für eine Übergangsphase, die der kleinen Familie bevorstand. Solche Übergänge schaffen Unsicherheit. Hatte Petter vielleicht, statt sich dem Stimmbruch zu stellen, die Entwicklung gestoppt, indem er seine beginnende Männerstimme verschluckt hatte? Nichts konnte wohl deutlicher den Stillstand einer Entwicklung zum Ausdruck bringen, der man sich noch nicht gewachsen fühlt. Und wo war der Mann, der für ihn in dieser wichtigen Übergangsphase seines Lebens ein Vorbild hätte sein können?

Tove, Petters Mutter, war eine gut gekleidete, attraktive Frau Mitte dreißig, die als Büroangestellte bei der Kommunalverwaltung arbeitete. Sie rückte ihren Stuhl näher an den ihres Sohnes heran, während sie erzählte, obwohl er seinen Stuhl gerade von ihrem abgerückt hatte. Mir kam der Gedanke, dass die Mutter es möglicherweise gewohnt war, von ihrem Sohn abgewiesen zu werden. Dennoch wollte sie ihm ihre Anwesenheit demonstrieren. Es war wichtig für sie, ihn im Griff zu behalten, dachte ich und fühlte, dass ich Toves mütterliche Autorität stützen und gleichzeitig Petter zeigen musste, dass er seine sich entwickelnde Selbstständigkeit durchaus behaupten solle – seine Individuation, wie man es in der Fachsprache nennt.[2] Doch vielleicht konnte er es auf andere Weise tun als durch Schweigen?

Tove berichtete, sie mache sich schon länger Sorgen um ihren Sohn. Er habe sich völlig verändert. Zu Hause würde er sich in seinem Zimmer isolieren und wolle nicht sprechen. Sie bekomme keinen Kontakt mehr zu ihm.

»Ist es denn so, dass Petter zuhört, wenn wir uns unterhalten?«, fragte ich.

»Ja, ja«, antwortete sie. »Ihm entgeht nichts.«

»Petter spricht also im Moment nicht laut, aber er hört zu, und möglicherweise hat er auch seine Meinung zu gewissen Dingen und spricht vielleicht im Stillen?«

Die Mutter nickte und fügte hinzu: »Ja, ganz bestimmt.«

»Ansonsten kommt es ja auch vor, dass Menschen nicht sprechen wollen, aus Furcht, zu verletzen oder etwas Falsches zu sagen.«

Es war deutlich, dass Petter zuhörte.

»Glauben Sie, die Sie Petter ja sehr gut kennen, dass es okay ist, wenn wir beide weitersprechen und Petter weiter zuhört?«, fragte ich.

Tove nickte.

»Vielleicht wäre es gut zu hören, was Petter dazu meint?«, fuhr ich fort.

Die Mutter wandte sich an den Jungen und sagte: »Petter, du hast gehört, was die Psychologin sagt. Ist es okay für dich, wenn wir ein bisschen reden und du zuhörst?«

Der Junge ließ den Kopf noch etwas weiter Richtung Schoß fallen und nickte kaum merklich.

Hier wurden die Konsequenzen seines Schweigens deutlich, dachte ich. Durch sein Schweigen hatte er nur begrenzte Möglichkeiten, seine eigene Situation zu beeinflussen. Ich sagte, wenn Petter zu irgendeinem Zeitpunkt ein paar Worte sagen wolle, dann sei das okay. Auch wenn er im Moment schweige, stünde es ihm frei, das Wort zu ergreifen, wann immer es ihm passe. Aber, so fügte ich hinzu, es würde niemand hier ihn dazu zwingen zu sprechen. Hier sei auch nicht festgelegt, wer sprechen und worüber gesprochen werden soll.

Auf diese Weise formulierte ich die Regeln, die im Therapieraum gelten sollten.

Die Gespräche beginnen

Ich wandte mich an Tove und sagte: »Frau Pettersen, erzählen Sie mir doch, was Sie und Ihren Sohn Petter hierher führt.«

»Das ist schwer zu sagen«, antwortete Tove. »Vielleicht hat es für ihn zu viele Veränderungen gegeben.« Sie nickte zu ihrem Sohn rüber. »Früher hat er ja nicht so reagiert. Ich hatte selbst eine schwierige Kindheit und muss sagen, dass ich enger mit meinen Großeltern verbunden war als mit meinen eigenen Eltern.« Sie dachte nach und fuhr fort: »Sie waren sehr angesehen in unserer Gegend. Ich habe alles dafür getan, Petter eine schöne und sichere Kindheit zu ermöglichen. Ich wollte nicht, dass er solche Dinge ertragen muss wie ich in meiner Kindheit.«

»Kann man das so verstehen, dass irgendetwas in Ihrer eigenen Kindheit und auch in Petters Kindheit eine Bedeutung für das hat, was Sie heute hierher führt?«

»Er ist ja schon sehr lange Einzelkind.« Sie legte eine Verschnaufpause ein. »Aber wir beide sind eben sehr eng verbunden. Wir haben immer zusammengehört. Meine Großeltern sind gestorben, beide, die Großmutter vor ungefähr sechs Jahren. Sie war eine große Stütze für uns und hat in Zeiten, wo ich viel arbeiten musste und Petter klein war, bei uns gewohnt.«

»Wer gehört heute zu Ihrer Familie?«, fragte ich.

Tove setzte sich gerade hin, räusperte sich, holte tief Luft, hielt sie eine Weile an und sagte, während sie ausatmete: »Tja, ich habe ein paar Verbindungen gehabt... ja, ein paar Beziehungen eben, sozusagen. Sie waren nett zu Petter, und ich glaube, das war kein Problem, und ich habe ihnen ja Petter nie überlassen.« Sie änderte ihre Sitzhaltung, wandte sich an Petter und sagte: »Ich bin immer seine Mutter gewesen, und er war immer am wichtigsten...« Sie hielt einen Moment inne und fuhr dann fort: »Und er kam immer vor allen anderen in meinem Leben. Aber … er hat wohl zu einigen von ihnen eine enge Beziehung aufgebaut.«

Petter hatte eine aufmerksamere Körperhaltung eingenommen. Er schob zwar seinen Stuhl noch etwas weiter nach hinten, hob aber den Kopf und betrachtete seine Mutter fast verwundert, während sie sprach. Er wirkt wie ein außen stehender Beobachter, dachte ich. Diese Beobachterposition ist vielleicht gut für Petter, dann kann er selbst die Distanz bestimmen und wird nicht überwältigt. Er ist hier in einer anderen Situation als zu Hause. Er befindet sich im Therapieraum, wo eine Therapeutin dazu beiträgt, Nähe und Distanz in emotional aufgeladenen Situationen zu regulieren. Er erlaubt sich teilzunehmen, wenn auch sehr zaghaft.

Ich kam auf das zurück, worüber die Mutter gerade gesprochen hatte: »Ist es richtig, wenn ich annehme, dass die Veränderungen, von denen Sie erzählt haben – also dass Sie einige Beziehungen hatten –, mit der heutigen Situation zu tun haben können, also damit, dass Petter zurzeit nicht spricht?«

»Ja, irgendwie schon«, antwortete Tove. »Ich habe darüber nachgedacht, dass er vielleicht sehr traurig war, als mein letzter Partner seine Koffer gepackt und uns verlassen hat. Er ist ja auch der Vater von Petters Halbbruder«, fuhr sie fort. »Ihm standen die Tränen in den Augen –«, sie nickte in Petters Richtung, »– als wir am Tag darauf in die Küche kamen, an einem Sonntagmorgen kurz vor Weihnachten, und sein Stuhl am Küchentisch leer war.«

»Haben Sie darüber gesprochen … dass der Stuhl leer war?«, fragte ich. Über den leeren Stuhl zu sprechen war vielleicht weniger heikel als über die schmerzliche Abwesenheit des Mannes, dachte ich. Petter wischte sich etwas Feuchtes aus den Augenwinkeln. »Nein«, sagte Tove, »keiner hat etwas gesagt. Ich wollte ihn schonen … Ich dachte, es sei besser, das Ganze ruhen zu lassen. Trotzdem«, fuhr sie fort, »fingen Petters Probleme nach der Trennung von meinem Partner an … es war wohl, weil er seinen Sohn verlassen hat … und Petter.« Sie erwähnte nebenbei, dass Petter traurig war für seinen kleinen Bruder, weil sein Papa ihn verlassen hatte. Der kleine Bruder habe ein Recht auf einen Papa, so wie alle anderen auch, habe Petter gesagt.

Ich beschloss, den Faden des verlorenen Vaters zu diesem Zeitpunkt nicht aufzugreifen. Ich dachte, dass es wichtig sei, einen besseren Überblick über Petters Geschichte zu bekommen, bevor ich zu dem vordrang, was möglicherweise das schwierigste Thema war.

Auf meine Frage nach Toves eigenen Reaktionen darauf, dass ihr Partner sie verlassen hatte, sagte sie, sie habe ihre Gefühle nicht gezeigt, obwohl sie »Tag und Nacht geweint« habe. Sie habe den Bruch eigentlich erwartet. »Das Merkwürdige bei dem Ganzen ist, dass ich selbst nicht so reagiert habe, als würde ich den Mann vermissen, auch wenn sich das komisch anhört. Trotzdem habe ich nach seinem Verschwinden einen schmerzhaften Klumpen in mir gespürt, der schon lange da war, der aber jetzt wehtat und von dem ich nie begriffen habe, wo er herkommt. Es muss etwas sein, was in meinem Leben passiert ist, eine Art Bedrohung, von der ich nicht richtig herausfinden kann, was es ist … es ist ein bisschen unklar.«

»Was jetzt geschieht, ist also eine Art Spiegelung von etwas, das früher geschehen ist?«

Ihr traten Tränen in die Augen, und sie sah zu ihrem Sohn hinüber, der jetzt aufrecht dasaß und seine Mutter eindringlich betrachtete, als hätte er gerade eine Entdeckung gemacht. Er blieb stumm. Die Mutter fuhr fort: »Es ist da, und es ist sehr unklar für mich, ja.« Sie setzte sich gerade hin und wirkte angespannt. Ich hatte den Eindruck, dass sie jetzt an etwas gerührt hatte, mit dem sie sich nicht weiter befassen wollte. Ich ließ es auf sich beruhen.

Petter scharrte mit seinen Schuhen über den Boden und

neigte wieder den Kopf. Ich nahm seine feuchten Augen wahr, die verschwanden, als er den Kopf senkte, doch zugleich erschien es mir als positives Zeichen, dass er seine Füße bewegte, die vorher fest in den Boden gepflanzt waren. Der Körper des Jungen sendete kleine Signale aus, dass er aufmerksam teilnahm.

Ich wandte mich an Tove: »Vielleicht können wir auf die Dinge noch zurückkommen, die Sie jetzt nach und nach erwähnt haben.« Sie nickte, während es gleichzeitig in ihrem Gesicht zuckte und ihr Tränen in den Augen standen. Ich sagte, dass wir uns Zeit lassen sollten und nicht alles so schnell abhandeln müssten. Der Junge sah wieder vorsichtig zu seiner Mutter auf.

In der nächsten Stunde war ganz deutlich, dass Tove viel über das letzte Gespräch nachgedacht hatte. Sie erzählte ausführlich und zum Teil unzusammenhängend davon, wie Petter in mehrere ihrer Beziehungen einbezogen war. Sie habe sich aktiv bemüht, einige dieser Phasen ihres Lebens zu vergessen, sagte sie. Die Beziehungen hätten für sie enttäuschend geendet. Jetzt erst sei sie darauf gekommen, dass die Trennungen auch für Petter schlimm gewesen sein könnten. Ich sah kurz zu Petter hinüber, doch der sah zu Boden, und ich wollte nicht aufdringlich sein.

»Ich fand es am besten, das alles zu vergessen«, sagte Tove. Sie berichtete in einigen halben Sätzen von diversen schmerzhaften Erlebnissen, die sie versucht habe zu vergessen. Ich fragte, ob Petter Zeuge dieser Vorfälle gewesen sei, was sie jedoch verneinte. Außerdem meinte sie, Petter sei damals so klein gewesen, dass er sich sicher nicht richtig daran erinnern könne.

Ich ermahnte mich selbst noch einmal, langsam vorzugehen.

Petters Mutter hatte erzählt, dass die Menschen in Petters

Leben gekommen und gegangen waren und dass Petter viele Beziehungen und Trennungen erlebt hatte, was ja für uns alle wichtige Lebensthemen sind. Gemeinsam konnten wir versuchen zu überlegen, wie wir an diesen Themen arbeiten sollten. Wir konnten versuchen, die Geschichte der zehn Jahre, die Mutter und Sohn miteinander verbracht hatten, zu einer gemeinsamen Geschichte zusammenzusetzen. Die Geschichte von Petter und seiner Mutter würde damit in einen größeren Zusammenhang eingefügt, in dem es um höchst menschliche Themen ging.

Die Methode »Zeichne ein Haus und erzähle«[3]

Ich bat die Familie, mir dabei zu helfen, die Geschichte von Petters Leben nachzuerzählen. Um das zu tun, würden wir gemeinsam zeichnen und erzählen.[4] Ein Flipchart wurde mit in den Gesprächskreis gestellt, und es lagen Filzstifte in allen Farben bereit.

Ich erklärte, dass wir sämtliche Häuser zeichnen würden, in denen die Familie gewohnt hatte, von Petters Geburt an bis heute. Dann würden wir gemeinsam einen Text formulieren, ihn mit den Geschichten verbinden und aufschreiben. Wir würden eine zusammenhängende Geschichte von Petter und alledem aufschreiben, was ihm in seinem Leben etwas bedeutet hatte. Dabei würde jeweils ein Haus für die verschiedenen Lebensphasen seiner Familie gezeichnet, und diesen Häusern würden dann Geschichten zugeschrieben. Bei jedem Haus würden wir zusammentragen, wo es stand, wie es dort aussah, mit wem Petter dort am meisten zusammen gewesen war, welche Freunde, Nachbarn oder Erlebnisse er damit verband usw. Danach würden wir die Personen einzeichnen, die in das Haus gehörten. Jedes Mal, wenn sich die Personenkonstellation in einem Haus veränderte, würde ein neues Haus gezeichnet, in dem die neuen Personen einen eigenen Platz bekämen. Das sei deshalb wichtig, weil wir ja wüssten, dass ein Haushalt sich in vieler Hinsicht verändert, je nachdem, wer in dem Haus wohnt oder gerade anwesend ist. Nach jedem Umzug würde auch ein neues Haus gezeichnet.

Ich kannte Petters Geschichte nicht und wusste also nicht, was in den verschiedenen Phasen seines Lebens geschehen war, deshalb musste die Familie mich informieren. Ich war diejenige von uns dreien, die am wenigsten über das Leben der Familie wusste. Es blieb also den beiden überlassen zu entscheiden, was erzählt werden sollte und worüber sie nichts sagen wollten.[5] Sie mussten mich sozusagen durch ganz unbekanntes Terrain führen. Ich würde viele »naive« Fragen stellen, da nur sie die Geschichte kannten. Alle Beiträge waren wichtig, damit die Geschichte schließlich alles beinhaltete, was für jeden von ihnen von Bedeutung war. Wir konnten zum Beispiel immer abwechselnd fragen und erzählen und uns dann gemeinsam überlegen, was die Geschehnisse für jeden von ihnen bedeutet hatten. So als würden wir uns gegenseitig einen Ball zuwerfen, und wer am Ball war, konnte den Text mit eigenem Inhalt fortsetzen. Alle Personen, die in den verschiedenen Phasen zum Haushalt gehört hatten, sollten auch eingezeichnet werden. So würde die Zeichnung zu einer konkreten Darstellung von etwas, das es tatsächlich gegeben hatte.

Ein wichtiger Vorteil dieser Methode war, dass sich die Geschichten, die zu den Zeichnungen auf dem Flipchart erzählt wurden, während des Prozesses verändern konnten. Während der nachträglichen Wanderung durch die Häuser tauchten immer neue Zusammenhänge auf. Was früher als gefährlich oder tabu erschienen war, konnte sich mit etwas mehr Abstand auf natürliche Weise als ganz gewöhnlich herausstellen, weil die Zusammenhänge verständlicher wurden. Auf dieselbe Weise konnten auch Trauer und Verlust in den Geschichten ihren Platz finden. Die Geschichten waren Teil einer bestimmten Phase, hatten sich aber im Verlauf des Lebens vielleicht verändert und damit anderen wichtigen Dingen das Feld überlassen.

Mit dem Flipchart konnte man auch zurückblättern und noch einmal auf eine Phase schauen, in der ein schmerzhafter Bruch stattgefunden hatte, oder auf Phasen, die als besonders gut erinnert wurden, und man konnte Erinnerungen dazu austauschen.

Petter nickte, als wir ihm vorschlugen, die Geschichte zusammen zu erzählen und sie »Petter Pettersens Saga«[6] zu nennen.

Die Saga beginnt

Nachdem ich erklärt hatte, wie wir vorgehen würden, begannen wir, Petters Geschichte zu erzählen.

»Erzählen Sie mir, wie alles anfing«, sagte ich einleitend.

»Meinen Sie, als er geboren wurde, wie er auf die Welt kam?«, fragte Tove.

»Ja, das klingt nach einem schönen Ausgangspunkt.«

»Ja, also... doch, er wurde in unserer Heimatstadt geboren, die als Stadt der Rosen bekannt ist.«

Petter hörte offensichtlich zu.

»Erzählen Sie«, sagte ich nur.

»Also, ich war ja damals noch so jung. Ich weiß nicht, ob ich wirklich begriffen habe, was das alles bedeutet... Es war so viel.« Sie holte tief Atem. »Aber er war stark und gesund, und wir waren sehr froh und stolz... und... wir beschlossen, ihn Petter zu nennen, nach meinem Großvater. Das war ein Name, auf den wir uns einigen konnten, ein Name, der seinem Vater auch gut gefiel.«

»Also von dem Zeitpunkt an und für alle Zeit war das Baby

eine Person mit einem eigenen Namen, Petter, ein Name, den beide Eltern gerne mochten … und er wurde in der Stadt der Rosen geboren«,[7] präzisierte ich.

»Ja. Aber ich muss wohl noch hinzufügen, dass diese Stadt, so wie ich sie heute sehe, eine Stadt mit ebenso viel Dornen wie Rosen war.«

»Es wäre also richtiger, in der Saga von Petter zu schreiben, dass er als starker und gesunder Junge geboren wurde, der einen Namen bekam, den beide Eltern gern mochten, und dass er in einer Stadt mit Dornen und Rosen auf die Welt kam?«

»Ja, und ich möchte hier hinzufügen, dass mein Großvater ein starker und kluger Mann war, und während der schwierigen Zeiten mit so viel Arbeitslosigkeit immer etwas zu tun fand, weil er so ziemlich alles konnte.«

»Petter stammt also von starken und klugen Menschen ab?«

»Ja, das tut er ganz sicher, das können Sie ruhig in die Saga hineinschreiben.«

Es entstand eine kleine Pause, während ich notierte.

»In welcher Jahreszeit wurde Petter geboren?«, fragte ich dann.

Petter saß jetzt aufrecht da, und sein Blick wanderte immer zu der, die gerade sprach. Er hörte aktiv zu.

»Er wurde im Winter geboren, ja, bei einem ordentlichen Schneesturm sogar, am 11. Januar 1982. Er war ein kräftiger, starker und gesunder Junge.«

»Gut, und welche Bedeutung hat dieser Schneesturm in der Geschichte?«

»Eigentlich keine … oder vielleicht doch … ich kann es vielleicht so sagen, dass es eine Art Vorahnung von dem war, was später passieren sollte.«

»Und das, was später passieren sollte, sollen wir davon etwas in dieses Kapitel der Saga aufnehmen?«

»Tja, es ist so viel, ich weiß nicht, ob ich mich noch an so viel erinnern kann… es ist irgendwie weg für mich, alles hat sich vermischt.«

Ich dachte, dass sie sich vielleicht unter Druck fühlt, und sagte: »Vielleicht passt es ja besser zu einem späteren Zeitpunkt, in einem anderen Kapitel der Saga?«

»Ja, wir können es in ein späteres Kapitel aufnehmen… ich weiß es auch nicht. Petter, du weißt, was ich meine.«

»Nächstes Kapitel, nachdem ich ein Jahr alt war«, sagte Petter mit leiser, kaum hörbarer Stimme.

Ich beschloss schnell, nicht zu kommentieren, dass er gesprochen hatte. Wir wussten ja alle, dass er sprechen konnte. Wenn ich begonnen hätte, ihn dafür zu loben, dass er gesprochen hatte, wäre es für alle peinlich geworden, und er hätte es wahrscheinlich als Übergriff empfunden. Ich fuhr also einfach fort: »Also dann, mal sehen… die Eltern waren stolz und froh, als der starke und gesunde Junge geboren wurde. Er wurde Petter genannt, ein Name, den beide Eltern gern mochten, und er wurde in einer Stadt mit Dornen und Rosen geboren, am Morgen des 11. Januar 1982, in einem Wintersturm. Der Sturm kündete von etwas, das geschehen sollte, und davon soll in einem anderen Kapitel dieser Saga die Rede sein. Er stammt von starken und klugen Menschen ab… Menschen, die in schweren Zeiten überleben konnten… Ist das eine gute Art, die Saga von Petter Pettersen zu beginnen?«

»Ja, so weit ist es gut. Es stimmt so«, sagte Tove.

»Ja… ich habe nicht ganz… wie ich es verstanden habe, ist Petter das erste Kind seiner Mutter Tove Pettersen und… Moment«, ich zögerte, »… wie war der Name von Petters Vater?«

Petter antwortete schnell und deutlich: »Jan Fjell.«

»Okay, also Petters Eltern waren Tove Pettersen und Jan Fjell, und diese Eltern waren froh und stolz, als der Junge geboren wurde…«

Pause.

»Ist die Saga so weit richtig?«

Petter nickte, hielt jedoch den Kopf geneigt.

Ich fuhr fort.

»Das kleine Kind bekam den Vornamen Petter, aber wie lautete sein Nachname, sein Familienname?«

»Wir gaben ihm meinen Familiennamen, Pettersen«, sagte Tove.

»Also schreiben wir in der Saga, dass das Kind den Familiennamen seiner Mutter bekam, Pettersen?«

»Ja«, sagte Tove und atmete tief ein, als wollte sie sich auf eine körperliche Leistung vorbereiten. Sie saß eine Weile bewegungslos da, ließ die Luft vorsichtig wieder ausströmen, neigte den Kopf und sprach mit kaum hörbarer Stimme weiter: »Wissen Sie... sein Vater war ein reisender Musiker... Es war so seine Art, einfach zu verschwinden. Er war tagelang weg, ohne dass wir wussten, wo er war. Und außerdem... er trank viel zu viel... und verbrauchte unser ganzes Geld... Und das war im Grunde das Ende... Obwohl wir uns geliebt haben und das wohl bis heute noch tun, musste es ein Ende haben.« In ihrem Gesicht zuckte es leicht, und sie berührte ihre Augen, als sei etwas hineingeraten, das sie zu entfernen suchte. Nach einer Weile waren ihre Augen ganz rot, und es sah aus, als habe sie lange geweint.

Ich dachte bei mir, dass Tove sicherlich schon viel zu viel geweint hatte, nicht nur hier. Auch sie wirkte erschöpft und verletzlich, und ich musste ihr Zeit und Raum geben und sie beschützen.

Tove fuhr fort: »Das war also der Grund, warum wir dem Jungen meinen Nachnamen gaben. Wir wollten es beide. Auch er.« Es entstand eine Pause, die mir lang vorkam, obwohl ich nicht weiß, wie lange sie dauerte. Ich schwieg, ich hatte nichts zu sagen. Dann nahm Tove den Faden wieder auf: »Wissen Sie... es war, als hätte ich gewusst, dass er uns verlassen würde... und... ganz richtig, eines Tages...«, sie weinte, während sie sprach, »... nachdem wir uns gestritten hatten ... verließ er uns voller Wut und verschwand ... und danach ist er nie wieder zurückgekommen. Wir haben ihn nie wiedergesehen.« Sie legte die Hände vor ihr Gesicht und weinte laut. Ich holte eine Packung Taschentücher und legte sie auf den Tisch vor sie hin. Dann sah ich schweigend und vorsichtig zu Petter hinüber. Er saß sehr aufrecht da, nahm ganz ungeniert ein Taschentuch aus der Packung und wischte sich diskret die Tränen ab.

Er muss sein Gesicht nicht mehr verbergen und als unerschütterlicher, cooler Typ auftreten, dachte ich. Er weinte offen, genau wie seine Mutter.

»Wir haben noch nie darüber gesprochen«, sagte Tove. »Ich habe keinen Sinn darin gesehen, es anzusprechen. Er hat in seinem Leben schon genug Enttäuschungen erlebt.« Sie sprach mit tränenerstickter Stimme.

»Das klingt, als wollten Sie Ihren Sohn vor dem Schmerz schützen, den Sie selbst erlebt haben?«, fragte ich. »Ja«, bestätigte Tove und fuhr mit mehr Kraft und Festigkeit in der Stimme fort: »Denn wir waren ihm egal.« Jetzt sprach sie laut. »Er ist einfach gegangen, verschwunden, und hat nichts mitgenommen.«

Hat das zu bedeuten, dass er alle Spuren seiner Beziehung zu Tove und seiner Vaterschaft auslöschen wollte, fragte ich mich, sprach die Frage aber nicht aus.

Tove hatte offensichtlich denselben Gedanken und fuhr fort: »Ja, übrigens, das ist nicht richtig, denn er hatte ein Bild von Petter in seiner Brieftasche, und das hat er überall bei sich getragen.« Der Junge trocknete seine Tränen. »Und ich bin mir sicher, dass das Bild noch immer da ist, in seiner Brieftasche, bis heute.«

Jetzt hatte ich das Gefühl, dass wir an etwas Heiliges rührten, das nicht gedeutet oder vertieft werden wollte. Das Bild selbst war so stark, dass ich es nicht antasten wollte. Es ging wie ein materieller Gegenstand in die Geschichte ein, und es war das Beste, es als unwiderlegbares Symbol einer ewig währenden Beziehung zwischen Vater und Sohn stehen zu lassen.

Petter war deutlich berührt. Er weinte, hob aber noch immer nicht den Kopf. Seine Mutter weinte ebenfalls, und auch ich spürte, wie mir die Tränen in die Augen traten. Es blieb für eine geraume Zeit still zwischen uns. Dann nahm ich den Faden wieder auf: »Wäre es falsch, wenn wir in der Saga schreiben würden, dass der Mann namens Jan Fjell, der Vater von Petter Pettersen und der Lebenspartner von Tove Pettersen, die beiden verließ, und als er ging, ein Foto seines Sohnes Petter in seiner Brieftasche bei sich trug… und dass er dieses Foto, soweit wir wissen, noch heute bei sich trägt?«

»Nein, das ist richtig«, sagte Tove.

Petter schabte mit seinen Schuhen über den Boden. Sein zuvor schlaffer Körper hatte eine straffere Haltung angenommen.

»Mal sehen… Wie alt war Petter, als das passierte?«

»Noch nicht einmal ein Jahr. Es war gleich nach Weihnachten.«

»Gut… es war also, bevor Petter über eine Sprache verfügte, bevor er Worte hatte, um sich zu erinnern?«

»Ja.«

»Dann war es also gut, dass jemand da war in dieser frühen Phase seines Lebens, während er ein Baby war und selbst nicht sprechen konnte, dass jemand da war, der Worte hatte, um sich zu erinnern… und der später erzählen konnte, was geschah, als er so klein war und der Vater verschwand… und… das Foto seines Sohnes in seiner Brieftasche mitnahm?«

Tove weinte. »Ja, ich weiß, dass es wichtig ist, aber ich habe… es nicht fertig gebracht… und jetzt ist es so lange her… aber wir haben so was wie jetzt noch nie gemacht.« Ihre Tränen liefen, doch sie richtete sich ein wenig auf, holte tief Luft, nickte in Petters Richtung und sagte: »Es ist wichtig… für ihn.«

»Also sind jetzt Worte zu dieser Phase des Familienlebens vor knapp zehn Jahren in der Geschichte von Petters Leben formuliert worden und bringen einen Schwall von Tränen mit sich… Kann das bedeuten, dass darüber nicht gesprochen wurde, dass die Familie den Inhalt aus dieser Phase wie in einem ›Paket‹ aufbewahrt hat, von dem manche wussten, von dem manche etwas ahnten, aber das niemand geöffnet hat?« Die Mutter nickte, und auch Petter deutete ein bestätigendes Nicken an. Wir schwiegen wieder.

»Also gut… Können wir es so ausdrücken: Als Jan Fjell die Familie verließ, hatte zuvor dieser Streit, den Sie erwähnten, wenn ich es richtig verstanden habe… zwischen Ihnen, Tove Pettersen, und Ihrem Partner Jan Fjell stattgefunden? Und Petter hatte daran keinen Anteil? Und Petters Vater war nicht böse auf Petter?«

»Ja, nein, der Streit war zwischen mir und ihm. Petter war ja noch ein Baby… er konnte ja noch nicht einmal sprechen. Das war nur zwischen ihm und mir.«

»Also wie wäre es, wenn wir schreiben würden… Vielleicht könnten wir es so ausdrücken: Petters Vater Jan Fjell verließ die Familie voller Wut. Er und seine Partnerin Tove Pettersen hatten sich gestritten, ein Streit, der nichts mit dem Kind Petter zu tun hatte. Der Vater des Jungen verließ die Familie voller Wut, und das Einzige, was er mitnahm, war ein Foto von seinem Sohn, das er in seiner Brieftasche bei sich trug. Zu dem Zeitpunkt hatte das Kind noch keine Sprache entwickelt, aber es war da… es war anwesend, als es passierte.« Ich drehte mich zu Petter um und fragte: »Sag mal, Petter, hast du deine Mutter jemals nach deinem Vater gefragt?«

Petter schüttelte nachdrücklich den Kopf. »Nein.«

»Ist es schmerzhaft für dich, heute diese Geschichte zu hören, so wie deine Mutter sie jetzt erzählt, fast zehn Jahre nachdem das alles passiert ist?«

»Für sie ist es das.« Petter nickte zu seiner Mutter rüber.

»Petter, kannst du mir erklären… Wenn du damals Worte gehabt hättest, um dich zu erinnern, hättest du dann dieselben Worte gebraucht wie deine Mutter heute, um davon zu erzählen?«, fragte ich ihn.

»Weiß nicht… vielleicht andere Worte.«

»Weil möglicherweise, so wie ich es jetzt verstehe, die Stimme deiner Mutter und deine Stimme zwei – ja – getrennte Stimmen sind, die auch verschiedene Worte benutzen?«

»Ja-a.«

»Dann ist es ja vielleicht gut zu wissen, dass deine Mutter es heute mit ihrer Stimme und mit ihren Worten erzählt hat… sodass du anfangen kannst nachzuspüren… wo deine Worte von ihren verschieden sind?«

»Ja. Das können Sie aufschreiben.«

»Dann musst du mir helfen, es so zu sagen, wie du es gesagt hättest, und dann werde ich es aufschreiben«, sagte ich.

»Dass die Gefühle nicht dieselben waren«, antwortete Petter schnell.

»Okay, also wie ich es bis hierher verstehe, hast du deine Mutter nie nach deinem Vater gefragt, und sie hat dir nie von ihm erzählt. Und das hat es also schwer gemacht zu wissen, ob die Gefühle deiner Mutter und deine Gefühle gleich oder verschieden waren?«

Petter nickte sehr bestimmt und bestätigend, und seine Mutter nickte auch.

»Kann es sein, dass ihr einander gegenseitig vor schmerzhaften Gefühlen geschützt habt, indem ihr weder gefragt noch erzählt habt?«, fragte ich.

Sie nickten beide.

Ich wandte mich wieder an Petter: »Wird es schwierig für dich, wenn wir jetzt weiterfragen und zeichnen und erzählen?«

»Nein«, sagte Petter klar und deutlich. Seine Mutter sagte mit kaum hörbarer Stimme: »Nein, wir müssen darüber sprechen. Ich weiß, dass es nötig und wichtig ist, damit wir weiterkommen.«

»Also... Soll das, was jetzt über Petters Vater gesagt worden ist, mit in das erste Kapitel von Petters Saga aufgenommen werden?«

Petter nickte wieder bestimmt.

»Schreiben Sie ruhig, dass in diesem ersten Kapitel wichtige Dinge hochgekommen sind, über die in der Familie seit zehn Jahren nicht gesprochen wurde«, sagte Tove.

Ich nutzte ihr Angebot, um hinzuzufügen: »Weil der Sohn keine Worte hatte, um Dinge aus dieser Phase seines Lebens und des Familienlebens zu erinnern... und weil die Mutter ihren Sohn vor den traurigen Gefühlen schützen wollte, die in ihr hochkamen, wenn sie an den Bruch mit Petters Vater erinnert wurde?«

Tove nickte.

»Ja, aber schreiben Sie auch, dass ich das gut abkann«, kam es von Petter.

»Das klingt, als würdest du von starken und klugen Menschen abstammen, was?«, sagte ich ein wenig schmunzelnd. Petter lächelte, und Mutter und Sohn tuschelten miteinander, bis ich fortfuhr: »Sollen wir in der Saga schreiben, dass dieses gegenseitige Schweigen zwischen Sohn und Mutter, also nichts zu fragen und nichts zu erzählen, an diesem Tag, dem 20. Januar 1992, beim Abschluss des ersten Kapitels der Saga von Petter Pettersen beendet wurde?«

»Ja«, sagte Tove, »und es fühlt sich an, als würde gerade etwas Wichtiges geschehen.« Sie streckte sich auf ihrem Stuhl, als sei sie gerade aus einem tiefen Winterschlaf erwacht, und ihr Gesicht zeigte einen zufriedenen Ausdruck. Petter nickte bestimmt. In der Zeit danach wurde das Haus aus der ersten Phase von Petters Leben als »Haus des Ursprungs« bezeichnet.

Die Fortsetzung

Bei späteren Treffen schrieben wir gemeinsam die Geschichten von vier verschiedenen Häusern auf, das heißt von vier späteren Phasen in Petters Leben. Besondere Ereignisse und emotional aufgeladene Erlebnisse, die zum Teil aus der Erinnerung der Familie gestrichen waren, wurden durch das Verfassen des Textes rekonstruiert. Das Zeichnen der Häuser und die Benennung der Orte und der Menschen, die dazu gehörten, und nicht zuletzt der von Mutter und Sohn ganz verschieden erlebten Geschehnisse mit den unterschiedlichen Akteuren schufen große Klarheit. Petter interessierte sich besonders für die männlichen Personen, die gekommen und gegangen waren. Seine Mutter wollte sie am liebsten vergessen. Sie hatte sich nie klar gemacht, welch große Bedeutung diese Personen für Petter gehabt hatten und wie wichtig es für ihn war, sich ins Bewusstsein zu rufen, wer sie gewesen waren, was sie ihm bedeutet hatten und wie er selbst durch die Erfahrungen, die er mit ihnen gemacht hatte, verändert worden war – auch dadurch, dass sie ihn verlassen hatten. Seine Mutter war der Meinung gewesen, dass ihre Partner für die Kinder keine Bedeutung hätten.

Viele Wiederentdeckungen aus der Vergangenheit hatten starke, sich selbst erfüllende Prophezeiungen offenbart. Sich dessen bewusst zu werden, brachte Tove dazu, jetzt einen anderen Kurs einzuschlagen. Sie hatte zum Beispiel nie geglaubt, dass einer ihrer neuen Partner bei ihr bleiben würde. Sie hatte immer darauf gewartet, »dass sie uns verlassen«. Deshalb, so behauptete sie, habe sie niemals einem von ihnen vertraut. Sie hatte sich selbst und Petter als Einheit betrachtet, die nicht davon berührt werden sollte, dass die Männer verschwanden. Nie wieder wollte sie jemanden so nah an sich herankommen lassen, dass er sie und ihren Sohn verletzen könnte. Dennoch war sie jedes Mal verzweifelt, wenn sie wieder allein zurückblieb, und für ihren Sohn hatten die Verluste ernste Konsequenzen gehabt. Er hatte sich unwürdig gefühlt, wie jemand, mit dem niemand etwas zu tun haben wollte.

Angesichts dieser impliziten Unterstellungen in ihrer Geschichte wurde sowohl Tove als auch Petter klar, dass sie eine undurchdringliche Einheit geworden waren, die keinem anderen wirklich einen Platz eingeräumt hatte. Die verschwiegenen Themen hatten eine unverständliche Macht bekommen, die es unmöglich machte, über die wiederholten Trennungen und die damit verbundenen Gefühle zu sprechen. Indem wir nun in chronologischer Reihenfolge ausführlich über diese Trennungen sprachen, kam viel Trauer an die Oberfläche. Es wurde viel geweint, aber nach und nach auch immer mehr gelacht.

Für Petter bekamen die Geschichte von seinem Vater und die magische Kraft, die darin lag, dass dieser das Foto seines Sohnes in der Brieftasche bei sich trug, eine große Bedeutung für seinen weiteren Weg. Wenn er erwachsen wäre, sagte Petter, würde er seinen Vater suchen, und er war der Meinung, dass er und sein Vater sich wiedererkennen würden. Auch wenn er ihn nicht wiederfände, würde er dennoch wissen, dass er und sein Vater einander etwas bedeuteten, das niemand ersetzen konnte. Das Foto, das der Vater in seiner Brieftasche bei sich trug, als er ging, war ein Schatz, den der Vater »an sich genommen hatte«. Petter sagte dies auf eine Weise, die in mir das Bild von einem Foto hervorrief, das an der Haut des Vaters klebte.

Die Zeichnungen der Häuser und die Geschichten der verschiedenen Phasen repräsentierten auch Kontinuität und Zusammenhang in Petters Leben. Petters Saga wurde für ihn ein Dokument, an dem er selbst weiterschrieb. Er wurde mit der Zeit sehr gesprächig und achtete sehr genau auf unsere Wortwahl. Es war ihm wichtig, dass die Worte genau das zum Ausdruck brachten, was er fühlte. Er entwickelte auch eine große Fähigkeit, Ahnungen und Empfindungen auszudrücken, die ihm dabei halfen, nach einer eigenen Identität und einer besonderen Zugehörigkeit zu suchen. Lockere Formulierungen akzeptierte er nicht.

Doch fast das Wichtigste in Petters Entwicklung war die Unterscheidung zwischen ihm und seiner Mutter. Anfangs hatte die Mutter immer »wir« gesagt – für sich und Petter. Sie hatte eine Tendenz, auch sehr persönliche Gefühle als »uns« zugehörig zu kategorisieren. An einigen Stellen in der Geschichte gab es für mich sehr bedeutungsvolle Durchbrüche im therapeutischen Prozess. Eine davon war die Situation, als Petter sagte, dass er bei der Beschreibung der ersten Geschichte andere Worte gewählt hätte als seine Mutter, wenn er eigene Worte zur Verfügung gehabt hätte, um sich zu erinnern. Ein anderer Durchbruch hatte stattgefunden, als er sagte, er und seine Mutter hätten bei der Erinnerung an die schwierigen Ereignisse nicht die gleichen Gefühle. Diese Aussagen markierten eine deutliche Trennung zwischen dem Jungen und seiner Mutter.

Petter konnte schließlich klar seine eigenen Standpunkte vertreten, indem er nämlich sprach, seine eigene Stimme benutzte und die Worte fand, die besser mit seinen Gefühlen übereinstimmten. So, wie er die Situation im Nachhinein verstand, brauchte er nicht mehr zu glauben, dass der Vater böse auf ihn gewesen war und ihn vielleicht aus diesem Grund verlassen hatte. An diesen Themen arbeitete Petter während der gesamten Zeit unseres Kontaktes. Einen eigenen Standpunkt zu beziehen bedeutete nun auch nicht mehr, seiner Mutter gegenüber illoyal zu sein. Ganz im Gegenteil: Er und seine Mutter hatten ganz unterschiedliche Beziehungen zu dem Mann, der sie verlassen hatte. Tove wurde in einer erwachsenen Beziehung von dem Mann verlassen, mit dem sie ihr erstes Kind bekommen hatte. Das Kind dagegen war von seinem Vater verlassen worden.

Das Zeichnen der Häuser, das Einzeichnen der Personen, die Formulierung der Geschichte sowie die Möglichkeit, in der eigenen Geschichte vor- und zurückzublättern, quer durch Vergangenheit, Gegenwart und Zukunft hindurch, ohne die Gefahr, sich zu verlaufen, war in der Arbeit mit Tove und Petter sehr wichtig. Die bildhaften Darstellungen der Häuser auf den Blättern waren etwas Handfestes, und die Phasen waren genau datiert. So konnte Petter, obwohl er eine Phase erreicht hatte, in der er zehn Jahre alt war, am Flipchart zurückblättern und Zusammenhänge mit ähnlichen Geschehnissen erkennen, die seine Geschichte, wie er sie mit fünf Jahren erlebt hatte, betrafen. Auf diese Weise ließ sich in der ansonsten fragmentarischen und zum Teil verwirrenden eigenen Geschichte Kontinuität herstellen.

Der weitere Weg

Die Bilder von den Häusern, die eingezeichneten Personen und die Notizen blieben als sichtbares Zeugnis dafür zurück, dass Petter im Laufe der Zeit ein Junge mit eigenen Gedanken, Gefühlen, Ideen und Meinungen geworden war. Er hatte Lehrer und eigene Freunde gehabt, und diese traten immer deutlicher in den Vordergrund, je freier er sich fühlte, sich selbst in seiner Welt zu definieren. Diese Beziehungen wurden auch in den Zeichnungen wichtig. Außerdem sprachen wir über gute Erinnerungen an die verschiedenen Vaterfiguren, die er gehabt hatte. Auch wenn er nach und nach erkannt hatte, dass er keinen von ihnen als seinen Vater betrachten konnte, hatte er es immer, wenn ein »Vater« ihn verlassen hatte, als einen schweren Verlust empfunden.

Es war leicht für Petter, sich an die Großeltern der Mutter zu erinnern und über sie zu sprechen. Sie waren für ihn klar umrissene Figuren, bei denen er es gut gehabt hatte. Vielleicht waren sie für Petter bessere Eltern gewesen als für Tove. Petter hatte schließlich den Namen, den Mut und die Kraft des klugen Großvaters geerbt, wie Tove hervorgehoben hatte. Es wurde wichtig für Petter, weiter daran zu arbeiten, sich selbst zu definieren; nicht nur in der Beziehung zur Mutter, sondern auch im Hinblick auf ein zutiefst existenzielles Verständnis und Erleben seiner selbst, seines Ursprungs, seiner biologischen Familie und seiner Zugehörigkeit.

Petter wurde ein Experte darin, unausgesprochene Zusammenhänge und scheinbar unverständliche Begebenheiten ans Licht zu bringen. Er nahm das Thema wieder auf, das seine Mutter in der ersten Stunde angesprochen hatte und das wir als Spiegelung eines früher erlebten Traumas bezeichnet hatten. Das Verschwinden des Papas vom kleinen Bruder spiegelte Petters Erfahrung wider, dass er im selben Alter wie der kleine Bruder seinen Papa verloren hatte, »bevor ich Worte hatte, um zu sprechen«, wie Petter es ausgedrückt hatte. Petters Mutter meinte auch, das jüngste Ereignis habe eine schmerzhafte Erinnerung wieder aktiviert, die sowohl in ihr als auch in Petter gespeichert war.

Ich fragte Petter, ob das, was wir nun Spiegelung nannten, erkläre, dass er eine Weile lang stumm geworden und wieder in die Verzweiflung von damals gefallen war, als er noch keine Worte gehabt hatte, um zu sprechen? »Da bin ich mir sicher«, sagte Petter. »Deshalb will ich ganz viel mit meinem kleinen Bruder reden, damit er nicht das schlimme Gefühl in sich bekommen muss.«

Petter erzählte, er habe nach den Trennungen oft unter der Bettdecke geweint. Er habe gedacht, er habe etwas falsch gemacht, sei vielleicht böse zum Vater des Bruders und zu seinem eigenen Vater gewesen. Er habe immer daran denken müssen, dass der kleine Bruder auch den Vater verloren hatte wie er selbst und dass es vielleicht seine Schuld war.

Indem er auf dem Flipchart blätterte, die Häuser betrachtete und den Text las, konnte Petter sich mit seiner eigenen Geschichte identifizieren und sie erforschen. »Ich habe von vielen starken Leuten in meiner Familie gehört«, sagte Petter mit deutlichem Stolz. Im Nachhinein konnte er das überwundene Verstummen als eine Art Loyalitätsbeweis gegenüber seiner Mutter betrachten. Es hatte die Vorstellung bewahrt, dass Petters Vater der einzige Mann in Toves Leben war, ebenso wie es auch Petters Wunsch bewahrt hatte, seinen Papa zurückzubekommen.

Im Therapieprozess gab es einen weiteren Durchbruch, als Petter klar ausdrückte, dass er im Gegensatz zur Mutter ertragen könne, über das Geschehene zu sprechen. Beide hatten eine unterschiedliche Beziehung zu ihrer teils gemeinsamen Geschichte, und der Unterschied zwischen ihnen wurde noch einmal sehr deutlich markiert.

Nach einer Weile nahm Petter seine schulischen Aktivitäten wieder auf. Sein Norwegischlehrer beschrieb ihn als einen Jungen, der besonders gut mit Sprache umgehen und schön erzählen konnte und der gern Dinge niederschrieb. Nachdem unsere Gespräche beendet waren, bekam ich noch mehrere Jahre lang Weihnachtskarten von Petter. Ungefähr ein Jahr danach schrieb er als humoristischen Kommentar, dass er nun im Stimmbruch sei.

Nachträgliche Reflexionen

Oft entwickelt sich ein stillschweigendes Einverständnis zwischen Therapeuten und Klienten. Sie nehmen implizit eine Haltung an, die schnell zur unausgesprochenen Grundlage für den Dialog wird. Eine solche Grundlage kann zum Beispiel ein gegenseitiges Verständnis darüber beinhalten, was Klient und Therapeut auszuhalten vermögen und wo für beide die Grenzen der erforschenden Haltung sind. Solche »stummen Grenzwerte« variieren in ihrer Intensität, je nach emotionaler Verletzbarkeit durch das jeweilige Thema. Oft werden im Therapieprozess unsichtbare »Grenzwächter« als Markierungen aufgestellt und signalisieren, wann sich Überschreitungen anbahnen. Die Zeichen können verbaler Art sein oder sich wortlos auf andere Weise ausdrücken: Jemand beginnt zu gähnen, ein Kind wird unruhig, Blicke werden gewechselt, ohne dass ein Wort fällt, jemand muss aufs Klo usw.

Manchmal können stillschweigende Regeln die Freiheit der Beteiligten einschränken. Dann ist es angebracht, dass der Therapeut von außen eingreift und die Grenzen durch seine Naivität herausfordert, indem er das Selbstverständliche infrage stellt. Das eröffnet den Raum für ein neues Verständnis der Situation, was wiederum die Voraussetzung für Veränderungen schafft.

Die Arbeit im Therapieraum ist qualitativer Natur, das heißt, dass ich mich als Therapeutin selbst als Instrument benutze, um zu beobachten und zu verstehen, zu deuten und nach Zusammenhängen zu suchen. Die Arbeit folgt keinem generellen Ziel, sondern es wird eine Theorie und eine Behandlung entwickelt, die jeweils zu dem einzelnen Fall passt. Wo es keine fertige Theorie oder Annäherungsform gibt, müssen Therapeuten versuchen, gemeinsam mit ihren Klienten Begriffe zu schaffen und sich an das beobachtbare Material des spezifischen Falls zu halten. Hierbei bewegen wir uns auf vielen Ebenen, ohne uns dessen immer bewusst zu sein. Wir agieren nicht nur gemeinsam mit den Klienten, sondern sind im Dialog und im Prozess auch Beobachter der Klienten und unserer selbst. Es ist natürlich eine ganz andere Aufgabe, sich selbst als Therapeut zu beobachten, als seine Klienten zu beobachten. In diese Beobachtung geht auch ein Nachspüren ein, was man als Therapeut selbst meint und fühlt, und wie man im Dialog weiterkommen kann. Wahrscheinlich sind beide Prozesse – die Selbstbeobachtung und die Beobachtung des anderen – zwei Seiten derselben Medaille: des Dialogs, in dem es um den Aufbau gegenseitigen Verständnisses im Therapieraum geht. Beide sind Voraussetzungen für Entwicklung und Fortschritt in der Therapie.

Der Fluch

Die folgende Geschichte spielte sich an einem Ort im südwestlichen Norwegen in der Mitte der 1990er Jahre ab. Ich arbeitete damals als Beraterin und Therapeutin mit einer psychiatrischen Einrichtung für Kinder und Jugendliche zusammen.

In meiner Freizeit wanderte ich gern durch die Landschaft. Die Lage zwischen dem Meer und den rauen Bergen hatte dazu geführt, dass die Bewohner dieser Gegend im Laufe der Jahrhunderte nur begrenzt soziale Kontakte pflegen konnten. In sich geschlossene Kulturen kleiner Gesellschaften üben häufig einen sehr starken Einfluss auf die Lebens- und Verhaltensweisen der Menschen aus, sowohl geistig als auch physisch. Außerdem hatten die Menschen hier seit Jahrhunderten in Armut gelebt. Die starken Einschränkungen waren zu einem Teil der Kultur geworden und hatten ebenfalls dazu beigetragen, dass die Menschen bei ihren Leisten blieben.

Eines Tages bemerkte ich auf einer meiner Wanderungen einige kleine, weiße Häuser, die am Strand entlang standen, und ging auf eines davon zu. Es war ein Bethaus. Bethäuser spielen eine zentrale Rolle für die Kultur dieses Landesteils, und ich sollte schon bald als Therapeutin mit der Bethauskultur Bekanntschaft machen. Diese Häuser ließen unter anderem auch Raum für die menschliche Phantasie. Hier war es möglich, sich zu Gedanken und Meinungen zu bekennen, über die sonst nicht geredet werden durfte. Der religiöse Glaube war tief in dieser Kultur verwurzelt und ausgesprochen streng. Gott zeigte deutlich seinen Ärger gegenüber jenen, die sich Seinem Willen und Seinem Plan widersetzten. Wenn etwas Schlimmes geschah, war das als Zeichen, ja fast als Botschaft Gottes zu betrachten, dass jemand gesündigt und Strafe verdient hatte. Wenn etwas Gutes geschah, war es ein Beweis für die unendliche Liebe des allmächtigen Vaters. Freude auszudrücken war unklug, denn es konnte möglicherweise als sündhaft betrachtet werden.

Auch das Reden in Zungen[1] war ein Element dieses Glaubens. Es konnte starke Botschaften vermitteln und gab den Menschen die Möglichkeit, sich außerhalb der Restriktionen zu bewegen, die religiöse Sekten ihnen auferlegten. Gleichzeitig konnte man dafür nicht zur Verantwortung gezogen werden. Auch ähnliche Ausdrucksformen wie Klagechöre, Chorgebet, freies Gebet, Gesang, Spiel und Heilungsrituale spielten innerhalb der sonst strengen, restriktiven Gemeinschaften eine wichtige Rolle.

Obwohl die Bethäuser zum Teil verschwunden sind und das Leben sich sehr verändert hat, sind die Menschen hier noch immer stark von diesen strengen Normen und Werten geprägt. Bei meiner Arbeit in der Klinik sollte ich erfahren, dass die alten Werte auch für viele »moderne« Familien noch eine zentrale Rolle spielten. Viele von ihnen lebten noch immer im Einklang mit alten, fundamentalistischen Glaubenssystemen, die manchmal mit der modernen Welt, der sich die Kinder gegenübersahen, in Konflikt gerieten. All dies bekam Bedeutung für mich, als ich Anna und ihre Familie kennen lernte.

Anna und das Problem ihrer Familie

Die fünfzehnjährige Anna und ihre Eltern suchten mich auf, um über etwas zu sprechen, das sie so sehr belastete, dass der Vater des Mädchens nachts nicht mehr schlafen konnte und Annas Mutter eine Art Wächterin in ihrem eigenen Haus geworden war. Sie musste ständig überprüfen, ob nicht im Haus vielleicht irgendetwas darauf hindeutete, dass etwas nicht in Ordnung war und sie möglicherweise irgendeine schlimme Katastrophe zu erwarten hätten. Für diesen Fall und um einem solchen Geschehen vorbeugen zu können, wollte sie gewappnet sein.

Anna sei in letzter Zeit deprimiert gewesen, sagten die Eltern. Sie machten sich Sorgen, dass ihrer Tochter etwas zustoßen könnte. Es war deutlich zu erkennen, dass es Anna nicht gut ging. Sie wirkte mürrisch und verschlossen und demonstrierte sowohl mit ihrer Kleidung als auch mit ihrer Körperhaltung eine deutliche Distanz zu ihren Eltern.

Allerdings sollte sich herausstellen, dass die Besorgnis der Eltern ebenso mit ihrer eigenen Familiengeschichte zu tun hatte wie mit Annas tatsächlicher Verfassung. Darüber waren sie sich offenbar selbst im Klaren, denn sie begannen unser Gespräch, indem sie ausführlich über ihren gesamten familiären Hintergrund berichteten. Beide hatten dramatische Geschichten von Totgeschwiegenem, von Gewalt und Selbstmord zu erzählen.

Die Familie war aus dem Heimatort der Eltern weggezogen und wohnte jetzt etwas weiter südlich an der Küste. An dem neuen Wohnort waren sie Zugezogene, hatten aber das Gefühl, dass ihnen das Milieu nicht fremd war. Dennoch mussten Neuankömmlinge über viele Generationen dort gelebt haben, bevor sie wirklich als dazugehörig akzeptiert wurden.

Die Familie bestand aus den Eltern Signe und Peter sowie

fünf Kindern, von denen Anna die Älteste war. Beide Eltern waren Akademiker. Peter war Pfarrer in der Kirche ihres kleinen Wohnortes. Signe hatte Religionsgeschichte und Sprachen studiert, war jetzt Pfarrersfrau und hatte zusätzlich zu den fünf Kindern auch noch unzählige Aufgaben in der Gemeinde zu übernehmen.

Anfangs fühlte sich die Pfarrersfamilie in der neuen Glaubensgemeinschaft wie auf dem Prüfstand. Doch sie hatten sich davon nicht beirren lassen und gedacht, dass die kleine Gemeinde sicher nicht so viel anders sei als die, aus der sie kamen. Die Unterschiede würden sich sicherlich schnell ausgleichen. Was merklich anders war, war der Dialekt. Alle konnten hören, woher sie kamen. In dieser Hinsicht würden sie niemals auf »natürliche« Weise zur lokalen Gemeinschaft gehören.

Gewalt in der Familie

Obwohl sie sagten, sie seien wegen Anna gekommen, begannen Signe und Peter sofort, ihre eigenen Geschichten zu erzählen. Anna saß dabei und hörte mit deutlichem Interesse zu, obwohl ihr Haar den größten Teil ihres Gesichts verdeckte und sie eine Haltung eingenommen hatte, die scheinbar Gleichgültigkeit signalisierte. Während die Eltern sprachen, sah sie häufig mich an, als wollte sie meine Reaktionen prüfen. Manches von dem, was ihre Eltern berichteten, war offenbar nicht ganz neu für Anna. Über vieles hätten sie jedoch niemals zu dritt gesprochen, sagte Signe. Früher seien die Teile der Geschichte, in denen es um Gewalt ging, nur bruchstückhaft erzählt worden. Das Thema sei noch immer zu schmerzlich für sie, um laut und ausführlich darüber zu sprechen, wenn andere dabei waren.

Die Kindheit beider Eltern war geprägt von sehr ärmlichen

Verhältnissen und einer strengen, religiösen Kultur, der sie sich unterwerfen mussten. Signe war an festgelegten Tagen der Woche von ihrem Vater geschlagen worden. Er war ein streng gläubiger Mann und bewirtschaftete als Schafzüchter und Fischer einen kleinen Hof, der schon seit mehreren Generationen der Familie gehörte. Signe wurde von ihrem Vater geschlagen, damit sie begriff, dass sie ein sündiges Wesen war und immer demütig sein musste. Wenn der Vater zuschlug, wusste sie, dass er Gottes Willen in die Tat umsetzte, damit sie ein noch besserer Mensch würde. Er schlug nach dem Motto: »Wen man liebt, den züchtigt man«.

Als man in der Öffentlichkeit zu diskutieren begann, dass Eltern ihre Kinder nicht schlagen sollen, und es sogar gesetzlich verboten wurde, hatte Signe plötzlich eine schmerzhafte Bitterkeit gespürt, die ihr zuvor fremd gewesen war. Früher hatte sie nicht so viel über ihre Kindheit nachgedacht, doch sie erinnerte sich, den großen Vater im Himmel häufig gebeten zu haben, er möge sie vor den Prügeln bewahren.

»Jetzt spüre ich ab und zu eine Wut auf meinen Vater in mir, ja fast einen Hass – aber das ist ein so grausames Wort, dass man es gar nicht laut sagen darf«, sagte Signe. Sie empfand auch Aggressionen gegenüber ihrer Mutter, die sie während ihrer Kindheit sehr geliebt hatte. Die Mutter war stets dabei gewesen, wenn ihr Mann die Tochter schlug. Es war Teil eines Paktes zwischen ihnen. Gott würde wissen, dass die Züchtigung zu seinen Ehren geschah und dass die Eltern ihre Kinder gemeinsam in der größten Ehrfurcht vor der Lehre des Herrn erzogen. »Meine Mutter hat zugesehen, wie ich geschlagen wurde, ohne einzugreifen«, sagte Signe und blickte traurig und leer in den Raum, »obwohl ich nichts Schlimmes getan hatte.« Dabei sank sie auf ihrem Stuhl in sich zusammen. Anna saß unruhig da und betrachtete ihre Mutter durch einen kleinen Spalt in ihrem dichten Haar.

Es sei auch überhaupt nicht darum gegangen, ob sie etwas

falsch gemacht habe oder nicht, sagte Signe. »Ich war sowieso sündig geboren, und deshalb musste ich gezüchtigt werden.«

Sie hatte nie mit ihren Eltern über diese Kindheitserlebnisse gesprochen. Sie hatte ihre Mutter davor bewahren wollen, doch sie wusste, dass diese es zutiefst bereute. Den Vater hingegen hatte sie nicht einmal fragen wollen. »Er hätte nichts dazu gesagt«, meinte sie.

»Er ist also gestorben, ohne einzugestehen, was er seiner Familie angetan hat?«, wollte ich wissen.

»Ja«, sagte Signe, »aber er meinte, getan zu haben, was ein gläubiger Vater auf Erden tun soll: seine Frau und seine Kinder züchtigen, um die unendliche Sündhaftigkeit, die in uns allen wohnt, zu zähmen.« Signe hatte offenbar ein tieferes Verständnis für die Zusammenhänge als ich, obwohl ich in der Klinik schon mehrere ähnliche Geschichten gehört hatte.

Anna seufzte, setzte sich wieder anders hin und sagte: »Das war eine Sauerei, ich habe diese ewige Vergebung einfach satt.« Ihre Stimme war kaum hörbar, und ich hatte den Eindruck, dass sie mit den Tränen kämpfte. Immerhin hatte sie einen eigenen Standpunkt bezogen, der dem ihrer Mutter widersprach.

Ich fand es wichtig, dass sie hier mit der dominanten Familienkultur brach, und sagte: »Anna denkt vielleicht, dass so etwas heute nicht mehr toleriert werden würde – denn heute ist es ja verboten, so auf andere loszugehen.« Ich wählte mit Absicht etwas stärkere Worte und einen raueren Ton als Signe, um den emotionalen Gehalt zum Ausdruck zu bringen, der ebenfalls unterdrückt worden war.

Peter und Signe nickten, und Peter sagte, dass sie ihre Kinder niemals so etwas aussetzen würden. »Niemals soll jemand Hand an sie legen.« Es wurde still im Raum. »Weder physisch noch psychisch«, fügte ich hinzu. Anna nickte, und Signe fuhr fort: »Auf dem Sterbebett hat Mutter ihr Bedauern ausgedrückt. Sie hat gesagt, dass ich meinen Kindern nicht antun dürfe, was sie mir und meinen Geschwistern angetan hatten.«

Signe verstummte und starrte leer in den Raum. Ich spürte, dass Annas Blick auf mich gerichtet war, während der Vater zu Boden sah.

Ich wandte mich an Signe und sagte: »Wovon sprach Ihre Mutter da, was meinte sie damit?« Es erschien mir wichtig, dass die Worte konkret ausgesprochen wurden und nicht mehr unausgesprochen blieb, was als Thema nun schon im Raum stand.

»Mutter sprach von – der Gewalt«, sagte Signe, »aber sie schaffte es nicht, das Wort in den Mund zu nehmen.«

»Welches Wort meinen Sie?«, fragte ich.

»Gewalt«, sagte Signe nur.

Ich fragte, ob Signe mehr darüber sagen könne, was dazu geführt habe, dass die Mutter die Gewalt gegen ihre Kinder mit angesehen hatte, aber dennoch das Wort nicht aussprechen konnte. Signe sah mich jetzt mit ihren großen, wachen braunen Augen an und sagte: »Mutter hatte Angst. Sie hatte nicht die Kraft, ihrem Mann zu widersprechen. Dann wäre sie selbst geschlagen worden, denn sie hätte sich auch gegen Gott versündigt. Sie wollte uns davor bewahren. Der Vater stand Gott gegenüber in der Verantwortung, und eine Einmischung von ihr hätte nur zu noch mehr Gewalt und Versündigung gegen den Herrn geführt.« Während Signe sprach, rutschte Peter unruhig auf seinem Stuhl herum und bedeckte sein Gesicht mit den Händen. Anna saß steif wie eine Statue da.

Obwohl Signe jetzt eine erwachsene Frau und Mutter von fünf Kindern war, quälte ihre Kindheitsgeschichte sie noch immer. Sie begleite sie jeden Tag, berichtete sie, obwohl sie versuche, sie wegzuschieben. Der Vater hatte auch die Mutter geschlagen, ohne dass die Kinder es sahen. Darüber war nie gesprochen worden, aber Signe wusste es dennoch. Abends hatte sie die Mutter jammern hören. Dieses Jammern hatte einen so furchtbaren Schmerz zum Ausdruck gebracht, dass sie sich alte Waschlappen, in kleine Stücke geschnitten und im Nachttisch aufbewahrt, in die Ohren stopfen musste. Sie hatte es ertragen, selbst geschlagen zu werden, aber dass die Mutter geschlagen wurde, die sie so unendlich liebte, wollte und konnte sie nicht mit anhören.[2]

Der Vater hatte auch die anderen Geschwister geschlagen. Signe meinte, er habe sie sich wahrscheinlich alle der Reihe nach vorgenommen. Das geschah hinter verschlossenen Türen, und niemand durfte ein Wort darüber verlieren. Obwohl die Züchtigungen von einem verantwortungsbewussten Vater ausgeführt wurden, der nur die Lehren Gottes umsetzte, war es dennoch unaussprechlich.

Ich fragte, ob vielleicht gerade das Schweigen um das schreckliche Thema dazu beigetragen hatte, die furchtbare Situation aufrechtzuerhalten. Alle drei nickten. Es war eine Weile still im Raum, dann sagte Peter: »Ich gehe davon aus, dass die Angst vor dem Mann im Haus so groß war, dass niemand das Schweigen brechen konnte.«

»Und so wurde das Schweigen und die Tatsache, dass niemand die Angst und die Trauer mit den anderen teilen konnte, selbst zu einer großen Bürde?«, fragte ich weiter. Signe nickte und sagte: »Deshalb sind wir hergekommen, um Hilfe zu bekommen, um miteinander zu reden, denn ich weiß, wie schlimm es werden kann, wenn man das nicht tut.«

Ich fragte, ob auch in anderen Familien des Ortes, in dem Signe aufgewachsen war, Gewalt an der Tagesordnung gewesen sei. Das sei schwer zu sagen, meinte sie, denn auch wenn Schläge als Mittel für eine gute Erziehung betrachtet wurden, war es doch zugleich mit Scham verbunden, wenn die Gewalt überhand nahm. Züchtigungen sollten maßvoll und mit Verstand ausgeführt werden. Die Kinder hätten zwar nicht darüber sprechen dürfen, aber sie gehe davon aus, dass das, was sie in ihrer Familie erlebt hatte, auch in anderen Familien geschehen war. Sie konnte sich erinnern, dass einige Frauen untereinander, ohne es direkt auszusprechen, darüber getuschelt hatten, wie sehr sie darunter litten, geschlagen zu werden.

»Heute«, sagte Signe, »kann ich irgendwie keine Freude empfinden. Ich habe vielleicht nie Freude empfunden?«[3] Sie dachte einen Moment nach und fügte dann hinzu: »Auch wenn ich meine Familie liebe und meine Kinder niemals schlagen würde. Vielleicht erlebe ich Freude, wenn meine Kinder eines Tages glücklich werden? Ich selbst habe die Fähigkeit, Freude zu empfinden, früh in meiner Kindheit verloren. Wenn ich an meine Kindheit denke, bekomme ich einen Kloß im Bauch, den ich wegzuschieben gelernt habe, indem ich an andere Dinge denke. Trotzdem verfolgt mich meine Kindheit. Noch heute höre ich die Geräusche, das Jammern und das Weinen in der Nacht. Ich will niemals jemanden schlagen oder zusehen, wenn andere es tun. Es ist schrecklich, sich vorzustellen, dass sie es mit uns getan haben.«

Anna hörte zu und saß aufrecht auf ihrem Stuhl. Sie sah intensiv zuerst ihre Mutter an, dann mich. In ihren Augen standen Tränen. Ich fragte sie, was sie dachte. »Ich habe es gewusst, seit ich klein war, aber niemand hat darüber gesprochen. Mama tut mir Leid, aber ich werde auch total sauer.«

Ich sagte: »Vielleicht ist das ja gar nicht so dumm?« Signe lächelte und nickte. Peter auch. Anna hatte wahrscheinlich den Weg dafür geebnet, dass das Wort Wut jetzt in ihrer Familie akzeptiert werden konnte.

Peter war ein großer, stämmiger, schwerer Mann mit starkem Bartwuchs und üppigen dunklen Locken. Er berichtete, dass auch er in seiner Kindheit geschlagen worden war: »Mein Vater hat, als ich klein war, die Peitsche über meinem Rücken geschwungen, wenn seine eigene Welt nicht in Ordnung war«, erzählte Peter mit unerwartet leiser Stimme. Der heftige Schmerz, der auf jeden Schlag gefolgt war, habe ihn die Fähigkeit entwickeln lassen, »abwesend zu sein«. Er brachte sich selbst in einen »bewusstlosen Zustand, von dem ich hoffte, dass er ewig dauern würde«, wie er es ausdrückte. Er war Experte darin geworden, sich in »Trance« zu versetzen, »mich selbst aus den schlimmen Situationen rausnehmen zu können, indem ich dachte, ich sei gar nicht da«.

Peters Erfahrungen waren anders als die von Signe. Während sie ihrem Vater die Überzeugung zubilligte, er habe im Sinne guter Erziehung gehandelt, hielt Peter die Gewalt seines Vaters für unkontrollierte Wut und eine inakzeptable Art, seine Aggressionen an anderen auszulassen. Er habe schon überlegt, ob sein Vater möglicherweise krankhaft sadistisch gewesen sei. »Nach außen war er äußerst charmant und nett, aber zu Hause war er ein Tyrann«, sagte Peter.

Ich gab zu bedenken, dass es sowohl für ihn als auch für seine jetzige Familie von Bedeutung sein könne, einen größeren Einblick zu bekommen, wie es ihm als Kind ergangen war. Noch einmal sprachen wir darüber, dass die brutalen Handlungen der vorigen Generation jetzt ans Licht kamen und endlich darüber gesprochen wurde.

Sowohl Signe als auch Peter hatten als Kinder viel Zeit im Bethaus verbracht. Dort hatten sie erlebt, dass schmerzhafte Erlebnisse durch die Rede in Zungen und durch Heilungsrituale ihren Ausdruck finden konnten. So wurde ihr eigenes und das Leiden anderer gelindert und Bestandteile der Gemeinschaft, ohne dass jemand zur Verantwortung gezogen wurde. Das Bethaus hatte als Therapieraum gedient und ihnen geholfen, ihr Trauma zu bearbeiten.

»Ich bin beeindruckt, dass Sie es geschafft haben, diesen bösen Kreislauf zu durchbrechen«, sagte ich. »Oft erleben wir in unserem Beruf, dass diejenigen, die von ihren Eltern geschlagen wurden, selbst Gefahr laufen, ihre Kinder zu misshandeln.[4] Es ist oft schwierig, die Überzeugung abzulegen, dass Kinder Prügel brauchen, um gute Bürger dieser Gesellschaft zu werden und im Denken, Glauben und Tun gehorsam gegen Gott zu sein.« Die Überwindung, von der sie mir gerade erzählt hätten, deute darauf hin, dass ihre jetzige Familie sowohl die Fähigkeiten als auch die Möglichkeiten habe, noch andere wichtige Änderungen in ihrem Leben herbeizuführen. Auch wenn das beinhalte, mit dem Glauben und den Verhaltensregeln früherer Generationen zu brechen.

Ich stellte außerdem fest, wie sehr die Sprache von Signe und Peter durch ihre Kindheit im Bethausmilieu geprägt war. Häufig hatte ich das Gefühl, dass sie »in Zungen redeten«. Im Bethaus hatten sie die indirekten Ausdrucksweisen einer Kultur erlernt, in der vieles tabuisiert wurde und als sündhaft galt. Traumatische Erlebnisse, über die nicht gesprochen werden durfte, wurden durch Metaphern, Analogien, Rituale und Ähnliches ausgedrückt.

Selbstmorde in der Familie

Nach und nach stellte sich heraus, dass es noch weitere Dramen gab, die als stumme Themen in der Familiengeschichte begraben lagen.

»Meine jüngste Schwester hat sich das Leben genommen, als sie sechzehn Jahre alt war«, begann Signe. »Mehrere andere in unserer Familie haben sich auch das Leben genommen. Meine Schwester hatte Depressionen und wurde mit fünfzehn in eine psychiatrische Anstalt gesteckt. Ein Dreivierteljahr später wurde sie gefunden. Sie hing an einem Seil, das an einem Haken in ihrer Zimmerdecke befestigt war.«

Diese Geschichte hatte in der Familie furchtbare Angst ausgelöst. Obwohl die Kinder von Signes Mutter zu strenger Disziplin erzogen worden waren, »hatte Gott ihre Familie erschüttert, indem er ihnen das jüngste Kind genommen hatte«. Nach dieser Bemerkung trat Schweigen ein. »Ich habe mir schon meine eigenen Gedanken gemacht«, sagte Signe schließlich. »Vielleicht hat Gott ja gerade seinen Ärger am irdischen Vater der Familie ausgelassen, an meinem mächtigen Vater nämlich? Vielleicht hatte Gott eine andere Auffassung von Kindererziehung, die dem Vater des Hauses ganz und gar nicht« – sie betonte ihre Worte hier besonders – »die Erlaubnis gab, seine Familie zu schlagen?« Signe hatte oft solche Gedanken gehabt, jedoch nie jemandem davon erzählt. Sie hatte daran gezweifelt, ob es Gottes Wille war, dass sie und die anderen so viele Prügel bekamen.

Dann erzählte Peter, auch er käme aus einer Familie, in der sich mehrere Mitglieder in jungen Jahren das Leben genommen hatten. Diese Anhäufung von Selbstmorden in beiden Familien mache ihm Sorgen. Er frage sich, ob Selbstmord in allen Familien vorkomme oder ob es etwas Erbliches sein könne. Ich sagte, mir sei nicht bekannt, dass es weit verbreitet sei, obwohl sicher in früheren Zeiten viele Selbstmorde niemals registriert wurden. Norwegen stehe heute, was die Selbstmordrate anging, in der Statistik relativ weit oben. Es sei doch eine Sünde, meinten sowohl Signe als auch Peter. Allerdings habe es dort, wo sie herkamen, auch eine Art Leidensheldentum gegeben. Niemand sollte anderen zur Last fallen, und wenn ein Mensch sein Leben nicht meistern konnte, war es besser, es zu beenden.

Ich sagte: »Meiner Meinung nach ist Selbstmord eher ein letzter Ausweg, wenn jemand eine Lebenssituation unerträglich und zugleich unabänderlich erscheint, worauf Signe ja auch hingewiesen hat. Das gilt besonders für Kinder und junge Menschen. In manchen Fällen kann Selbstmord mit einer ernsten psychischen Krankheit zusammenhängen und Teil eines Krankheitsbildes sein. In solchen Fällen kann die Ursache eines Selbstmords auch in biologischer Veranlagung gründen.«

Signe und Peter erklärten, sie hätten die Geschichten derer, die sich in ihren Familien das Leben genommen hatten, untersucht, jedoch keine Belege dafür gefunden, dass es in den Familien ernste Geisteskrankheiten gegeben habe.

Dennoch kreisten Signes und Peters Gedanken sehr um den Glauben an die Vererbung. Ich stellte die Frage in den Raum, ob es sich nicht ebenso gut um eine Art von Kulturerbe handeln könne, einen grundlegenden Glauben, dass man für sichtbare und unsichtbare Sünden bestraft werde und die Sündhaftigkeit also auch tödlich sein könne?[5] In diesem Zusammenhang hatte Signe ja bereits ihr Recht darauf bekräftigt, auf ihren Vater wütend zu sein, weil er sie und andere Familienmitglieder misshandelt hatte, und Peter hatte die Aggression seines Vaters als bösartige »Macht« betrachtet, die der Glaube seiner Kultur ihm gegeben hatte.

Anna

In der nächsten Stunde kamen Signe, Peter und Anna wieder gemeinsam. Ich fragte sie, was ursprünglich der Grund dafür gewesen sei, dass die Familie das Gespräch mit mir gesucht habe. Darauf antworteten sie, ihr eigentliches Problem habe mit Anna zu tun. Sie sei der Grund für ihre Sorge. Dennoch hätten sie das Gefühl gehabt, es sei richtig, die ersten Stunden darauf zu verwenden, etwas von sich selbst zu erzählen, wozu ich sie ja auch aufgefordert hätte. Ich bestätigte, dass ich das nützlich fand. Wir kannten nun alle die wichtigsten Teile der Familiengeschichte, was unser Verständnis für die Probleme der jetzigen Familie vertiefte.

»Erzählen Sie mir, was Ihrer Meinung nach Annas Problem ist«, begann ich. Anna saß unbeweglich da und sah auf den Boden, ihr Körper wirkte schwer, und sie schien traurig zu sein. An diesem Tag hatte sie ihr Haar stark gefärbt, fast rot, die Augen waren dick geschminkt und die Augenbrauen schwarz und scharf nachgezogen.

Ihr Auftreten übermittelte die Botschaft, dass sie zu einer anderen Generation gehörte als ihre Eltern, dass sie anders war als die Älteren und fast erwachsen, dachte ich. Vielleicht war es ihre Antwort auf das, was sie bei der Diskussion im vorigen Gespräch über die natürliche Trennung zwischen den Generationen gehört hatte. Außerdem trug sie ein enges T-Shirt, das deutlich ihre jugendlich weiblichen Formen zeigte. Ihr Stil war jetzt demonstrativ anders als der ihrer Eltern.

Ihre Mutter war sehr nüchtern gekleidet und trug eine weiße, gebügelte Baumwollbluse, einen karierten Faltenrock und als einzigen Schmuck neben dem Ehering eine weiße Perlenkette um den Hals. Sie hatte ein klar geschnittenes, ungeschminktes Gesicht und war sehr schlank, obwohl sie fünf Kinder geboren hatte.

Anna sei ihrer Mutter am ähnlichsten, hatten die Eltern gesagt. Doch jetzt distanzierte sie sich von der Unschuld, die ihre Mutter ausstrahlte. Sie lebte in einer anderen Welt als ihre Eltern. Ihr T-Shirt trug auf dem Rücken die Aufschrift: »Fahr zur Hölle«. Sie hatte ein Handy dabei, das mitten in der Stunde klingelte, obwohl die Eltern sie gebeten hatten, es auszuschalten. Dennoch war sie eher still, hatte Tränen in den Augen und wirkte nicht so cool, wie sie auszusehen versuchte.

Ihr gesamtes Outfit erschien mir als starker Schutz, als die deutliche Selbstbehauptung einer Jugendlichen in der Pubertät. Sie wirkte eher wie eine verletzte Vierzehnjährige als wie eine coole Sechzehnjährige. Vielleicht war sie etwas verspätet in ihrem Abgrenzungsprozess und musste ihn deshalb besonders deutlich zum Ausdruck bringen. Vielleicht war es in dieser Familie auch schwierig für einen Teenager, sich abzugrenzen und für einen ganzen Klan von Schwestern und Brüdern die Vorreiterin zu sein. Wahrscheinlich würde Anna ganz andere Wege einschlagen, als es ihre Eltern ein paar Jahrzehnte zuvor getan hatten.

Ich wiederholte meine Frage, was denn mit Anna los sei und die Familie hierher gebracht habe.

Peter sagte, er wolle die Situation gern etwas genauer erklären. Ich nickte, und auch Signe bestätigte, dass sie das für richtig hielt. Anna blieb stumm. »Ich weiß nicht, ob wir es beim letzten Mal hier gut genug erklärt haben«, sagte Peter, »aber wir haben ja erwähnt, dass wir aus Familien kommen, wo sich viele das Leben genommen haben. Und jetzt ist es so, dass wir Angst haben, das gleiche Unglück könnte unsere Familie treffen.«

Ich sagte, ich würde nicht ganz begreifen, was er damit meine und was »das gleiche Unglück« bedeute. Signe antwortete schnell, es gehe um Anna. »Wir wissen«, fuhr sie fort, »dass Anna sehr deprimiert ist.« Sie könnten hören, dass sie nachts im Bett liegt und weint, und sie wolle mit niemandem reden. Ich fragte, was dieses Weinen ausgelöst haben könnte[6], und die Eltern antworteten so schnell, als sei es nebensächlich, sie sei offensichtlich mit einem Jungen zusammen gewesen, der mit ihr Schluss gemacht habe, und das quäle sie.

Ich fragte Anna, was sie und die Familie ihrer Meinung nach hierher führe.

»Es hat keinen Zweck, mit ihnen zu reden«, sagte sie mit leiser Stimme. »Sie begreifen gar nichts.« Es trat eine kurze Stille ein. »Das musst du mir etwas genauer erklären«, sagte ich und fuhr fort: »Ich möchte gern sichergehen, dass ich verstehe, was du meinst, denn hier geht es um etwas, was in erster Linie dich betrifft.« Ich wandte mich wieder an die Eltern und sagte, sie könnten zuhören, wenn sie wollten, das sei ihnen überlassen, wenn es für Anna okay sei. Anna nickte und sagte dann, sie sei traurig, wegen allem.

»Und wie ist das, wenn du traurig bist?«, fragte ich. »Ich heule und heule nur«, antwortete Anna. »Und was bringt dich zum Weinen?«, wollte ich wissen. Die Eltern hörten genau zu.

Anna verband das Weinen mit ihrer Schulsituation. Sie stehe in der Schule außen vor, und die anderen hätten sie nie in ihren Kreis aufgenommen. »Außerdem haben viele von den anderen viel mehr Kontakt mit der großen Stadt in der Nähe, sie dürfen in die Stadt fahren und ins Kino gehen und so, und das darf ich nicht. Meine Eltern sind bescheuert und glauben, es sei eine Sünde, ins Kino zu gehen.« Außerdem werde sie in der Schule auch geärgert, weil sie in den meisten Fächern besser sei als die anderen.

Als ich sie fragte, wie das mit dem Ärgern in der Schule denn sonst sei, antwortete sie, es sei in der Schule ziemlich normal, geärgert zu werden, jedenfalls meistens. Als die anderen herausgefunden hatten, dass sie Geige spielt, und außerdem noch herausgekommen war, dass sie die Tochter des Pfarrers ist, hatte sie das Gefühl, es verbreite sich eine Art Lynchstimmung gegen sie.

»Als wir mit der Klasse auf Campingtour waren, habe ich mich in einen Jungen verliebt. Aber es hat keinen Zweck, mit meinen Eltern darüber zu sprechen. Die können das auf keinen Fall verstehen«, meinte Anna. »Außerdem ist es sicherlich Sünde, denn es ist ja alles Sünde. Und vielleicht werden wir ja sogar von Gott dafür bestraft, dass ich mich verliebt habe, oder?«

Ich beeilte mich, ein paar humoristische Kommentare über die Teenagerjahre generell einzubringen, und sagte dann, dass Anna jetzt offensichtlich ihren Eintritt in das Übergangsalter zwischen Kindheit und Erwachsenenalter demonstriert habe, was etwas Positives sei – und auch etwas Schwieriges. Ich sagte es so, um den Druck auf die Eltern ein wenig zu mildern. Sie wirkten verletzlich, und ich wollte nicht, dass sie sich gekränkt fühlten. Ich dachte bei mir, dass es wichtig war, das Ganze etwas zu normalisieren. Es würde uns helfen, die etwas krassen Abgrenzungsmanöver des Kindes in einen Kontext zu stellen, der mit einer »normalen« Entwicklung zu tun hatte, um damit zu vermeiden, dass sich die Eltern schuldig oder in ihrer Rolle als Erziehende entwertet fühlten.

Ich fragte Anna nach ihrer Verliebtheit. Sie sagte, sie und der Junge seien ein paar Mal miteinander spazieren gegangen und hätten ein paar kurze Blicke gewechselt. »Nachdem die anderen das entdeckt haben, war alles kaputt. Die anderen haben uns so schrecklich gepiesackt, dass wir uns gar nicht mehr ansehen konnten, geschweige denn miteinander reden.« Einige von den bösartigsten (ich benutzte dieses Wort in meiner Frage nach den Details ganz bewusst) Mädchen in der Klasse hätten ihr hinterhergerufen: »Aha! – seht mal das Engelchen vom Pfarrerteufel, unser Genie – seht sie euch an – mit ihrem Heiligenschein – und nun hat sie sich doch tatsächlich verliebt!« Anna hatte sich bloßgestellt und tief gekränkt gefühlt.

»Ich wollte einfach nur noch verschwinden, ich habe nachts geweint, weil mir davor graute, in die Schule zu gehen«, erzählte sie. Sie habe weder enge Freunde, die gegen die Mobber Partei ergreifen würden, noch vertraute Freundinnen, mit denen sie ihren Liebeskummer teilen konnte. »Und dann bin ich einfach nicht mehr in die Schule gegangen.« Trotz der Ermunterungen ihrer Eltern habe sie oft geschwänzt. »Ich habe an jedem neuen Schultag vor Angst gezittert.«

Auch wenn sie ihren Freund nicht mehr sah, konnte Anna ihn nicht vergessen. Sie wollte nicht mehr diejenige sein, die gehänselt wurde. Sie wollte ihre Identität wechseln. Sie färbte ihre Haare, kämmte sich eine Art herausfordernden Kamm auf den Kopf und begann, sich die Augen schwarz zu umranden. Das schützte sie davor, dass die anderen sahen, wie ihr die Tränen in die Augen schossen. »Außerdem sollte die Schminke machen, dass sie mich nicht mehr ›fromm‹ und ›Engelchen‹ nennen konnten«, sagte Anna – ohne große Überzeugung in der Stimme. Sie habe schnell gemerkt, dass die Schminke die Hänseleien nicht verhinderte.

Gespräch in Annas Schule

Nach diesem Gespräch fragte ich die Eltern, ob sie, Anna und ich uns mit dem Direktor der Schule und Annas Klassenlehrerin treffen könnten. Ich erklärte, es sei ein ernstes Problem, dass die Schule die Sache mit dem Mobbing nicht in den Griff bekomme, was nun für Anna zu einem unerträglichen Problem geworden sei – und übrigens, wie sich herausstellen sollte, für viele andere auch.

Bei dem Treffen wurde darüber beraten, was die Schule tun könne, um das Mobbing zu beenden und den neu ankommenden Kindern einen leichteren Einstieg zu ermöglichen. Es wurde nicht über mögliche Gründe gesprochen, warum Anna gemobbt wurde. Die Mobber selbst wurden als Problem definiert, nicht die eventuellen Schwierigkeiten der Opfer. Da das Mobbing in der Schule stattgefunden hatte, wurde auch die Schule dafür verantwortlich gemacht, es in den Griff zu bekommen. Alle Kinder hatten ein Recht, in Frieden zur Schule zu gehen, darüber bestand bei dem Treffen Einigkeit, und dieses Recht durfte nicht verletzt werden.[7]

Die Lehrer der Schule setzten eine Anti-Mobbing-Kampagne in Gang. Noch wichtiger war, dass Maßnahmen gegen die Mobber ergriffen wurden und man ihnen bei ihren Problemen half, und zwar so lange, bis sie mit dem Mobbing aufhörten. Bei der kleinsten Andeutung von Mobbingversuchen wurden diese von den Erwachsenen unterbunden, und in den Schulstunden wurde über Mobbing gesprochen. Die Schule profitierte von den Maßnahmen. Es bestand Einigkeit, dass Mobbing öffentlich gemacht, besprochen und eindeutig verurteilt werden musste. Schweigen konnte in solchen Situationen dazu beitragen, dass sich das unerwünschte Verhalten noch verstärkte.

Die Unterscheidung zwischen der toten und der lebenden Anna

Nachdem die Verantwortung für das Mobbing der Schule übertragen worden war – unter Vereinbarung von Folgetreffen –, fragte ich, ob es etwas anderes gebe, das Anna belaste und worüber wir noch nicht gesprochen hätten. Signe sagte, sie selbst quälte am meisten der Gedanke an ihre Schwester, die als Fünfzehnjährige so schwere Depressionen bekommen und sich dann mit sechzehn das Leben genommen hatte. Signe wurde den Gedanken nicht los, Anna könne möglicherweise in ihre Fußstapfen treten.

Mir fiel plötzlich ein, dass Signes Schwester, von der wir in den Sitzungen so oft gesprochen hatten, nie mit Namen genannt worden war. »Wie hieß Ihre Schwester?«, fragte ich Signe.

»Die Selbstmord beging, meinen Sie?«

Ich nickte.

»Sie hieß auch Anna.«

Es herrschte eine Weile Stille im Raum, bevor Signe fortfuhr: »Wir waren frisch verheiratet, und ich war schwanger mit Anna, als meine Schwester starb. Und wir beschlossen, dass unser neugeborenes Kind genauso heißen sollte wie meine tote Schwester. Es sollte zur Erinnerung an … und zu ihren Ehren sein, und … von dem Tag an waren sie irgendwie eins.«

Ich fragte sie, ob sie das näher erklären könne. Sie antwortete, von dem Tag an habe es eine besondere Verbindung zwischen der toten und der lebenden Anna gegeben, eine Tendenz, die beiden Mädchen aneinander zu koppeln. Annas wenige Hinterlassenschaften hatte alle die kleine Anna geerbt. Die Familie hatte sich gewünscht, das Kind möge das Leben der toten Anna in gewisser Weise fortsetzen, da die eine zur gleichen Zeit gestorben war, als die andere geboren wurde.

Anna hatte auch den Schmuck der toten Anna geerbt, unter anderem ein schönes Goldkreuz mit einer echten Perle in der Mitte. Eine Perle sei ja schließlich ein Symbol für das Leben, meinte Signe.

Die Art und Weise, wie Peter und Signe darüber sprachen, während Anna offenbar widerstandslos dasaß und zuhörte, erweckte bei mir den Eindruck, dass eine mächtige stumme Geschichte im Raum hing, die im Kern mit der Vermischung der beiden Mädchen zu tun hatte. Ich dachte im Stillen, dass es jetzt erforderlich sei, einen Individuationsprozess[8] zu thematisieren und zwischen Generationen und Personen, Toten und Lebenden zu unterscheiden.

Ich wandte mich an die Eltern und fragte, ob sie beide akzeptiert hätten, dass Signes kleine Schwester tot ist, also dass ihr Leben tatsächlich beendet ist, oder ob sie wollten, dass sie in ihrer Tochter Anna weiterlebt? Oder war ihre Tochter möglicherweise schon bei der Geburt in eine Art Staffellauf hineingezogen worden? Hatte ihr die Tante den Stab überreicht, sodass sie jetzt, wo sie sich dem Alter näherte, in dem die Tante gestorben war, die Wahl treffen musste, ob sie allein weiterlaufen oder ebenfalls ihr Leben beenden wollte, wie ihre Tante es getan hatte? Vielleicht war dies ja Annas Chance zu zeigen, dass sie ganz anders war als ihre tote Tante? Und vielleicht war es ja so, dass sie, im Gegensatz zu ihrer Tante, den Wunsch hatte weiterzuleben?

Diese Frage führte zu einem Wendepunkt im Therapieprozess. Es trat Stille ein. Signe weinte, und ihr Mann hielt ihre zarte, weiße Hand in seiner großen, behaarten. Anna saß mit erhobenem Kopf da, blass und sehr nachdenklich.

Ich fragte Anna: »Könntest du vielleicht eine Weile einen anderen Namen als Anna benutzen? Hast du einen Kosenamen, der ganz dein eigener ist, oder einen anderen Familiennamen, den du annehmen kannst, um den Unterschied zwischen dir und der toten Anna deutlich zu machen? Du bist jetzt in einem Alter, wo man sich zu seiner eigenen Identität bekennen und sie festigen muss.« Anna strich sich mit einer schnellen und bestimmten Bewegung die Haare aus dem Gesicht und antwortete, sie heiße eigentlich Anna Katrine. Ich fragte, ob es okay wäre, wenn ich von jetzt ab ihren vollständigen, richtigen Namen benutzte und sie Anna Katrine nannte? Sie nickte entschieden.

Anna Katrine

Peter sagte wieder mit leiser Stimme, dass ihnen das, was ich sagte, nicht fremd sei. Sie hätten schon früher darüber nachgedacht und der Tochter bewusst zwei Namen gegeben, um deutlich zu machen, dass sie eine eigenständige Person ist und nicht die Stellvertreterin oder Fortexistenz einer anderen Person. Dennoch war der Name Katrine in Vergessenheit geraten, weil sie es gegenüber Signes Schwester als loyaler empfunden hatten. Ihr erstes Kind, das in den Tagen zur Welt gekommen war, als die kleine Schwester sich das Leben genommen hatte, war gewissermaßen ein Trost in der Trauer gewesen und hatte den Verlust der Schwester weniger endgültig erscheinen lassen.

Signe hatte Schuldgefühle wegen des Todes ihrer Schwester. Sie grübelte ständig darüber nach, ob der Vater sie wohl auch misshandelt hatte. Deshalb war es für sie fast etwas Natürliches gewesen, ihre Schwester in ihrer Tochter weiterleben zu lassen.

»Als Anna jetzt depressiv wurde, haben wir trotzdem große Angst bekommen«, sagte Signe. »Ich habe befürchtet, dass auch meine Tochter in Gefahr ist, sich das Leben zu nehmen. Vielleicht ist es ja möglich, dass Gott Unrecht zu Recht machen und uns auch Anna Katrine nehmen will?« Anna war offenbar gezeugt worden, bevor Signe und Peter geheiratet hatten. Das sei eine Sünde gewesen, meinte Signe.

Ich erwiderte: »Meiner Meinung nach hat Gott Anna Katrine ein Leben gegeben, das ihr eigenes sein soll. Ich würde bezweifeln, dass es Gott gefällt, wenn Sie seine Entscheidungen überprüfen, indem Sie diejenige, die Er der Welt als einzigartiges Geschenk gegeben hat, mit einer vermischen, die Er längst ins Reich der Toten geführt hat. Wäre das nicht eine Kränkung Gottes?« Die Eltern nickten und meinten, so hätten sie das noch nicht gesehen. Sie hätten ja erkennen müssen, dass Gott einen ganz anderen Plan für Anna Katrine hatte als für die tote Anna. Jetzt benutzten sie den vollständigen Namen ihrer Tochter.

»Was hätten Sie erkennen müssen? Das habe ich nicht ganz verstanden«, hakte ich nach.

»Den Unterschied zwischen den beiden Mädchen«, antwortete Peter. Es entstand eine kurze Pause, dann fuhr er fort: »Anna Katrine war immer ein Mädchen mit einem starken Willen, und sie ist immer wieder auf beiden Füßen gelandet, auch wenn sie es phasenweise sehr schwer hatte. Sie ist gut gerüstet für dieses Leben und hat gute Voraussetzungen und Fähigkeiten, sich zu entwickeln.« Peter sah zu Signe hinüber, die fortfuhr: »Meine tote Schwester Anna hatte nicht so viel Glück. Sie hatte einen angeborenen Sprachfehler, der sie anders machte, aber auch das war etwas, worüber in der Familie nicht gesprochen werden durfte.« Ihr Vater habe gesagt, ihre Schwester Anna werde immer Hilfe brauchen, um im Leben zurechtzukommen.

Diese Darstellung zeigte ganz deutlich, dass Anna Katrine ein anderer Mensch war als die tote Anna. Die beiden waren sogar sehr verschieden. Anna Katrine hatte gerade begonnen, ein bisschen gegen die Elterngeneration aufzubegehren, was die tote Anna nie geschafft hatte.

Ich bat die Familie, zu einem der nächsten Gespräche Fotos mitzubringen, damit Anna Katrine mir zeigen konnte, worin sie und die tote Anna sich unterschieden. Anna Katrine sagte:

»Ja, da werden wir lange brauchen, also ich kann bestimmt Unterschiede zeigen, aber…«

Sie dachte einen Moment nach und fuhr dann fort: »Das Wichtigste ist, dass meine Eltern es sehen auf den Fotos, denn die Fotos lügen nicht.« Die Fotos von Anna Katrine und Anna boten unzählige Beispiele dafür, wie anders Anna Katrine war als ihre tote Tante.

Ich hatte das Gefühl, dass die Vermischung der beiden jetzt ein Ende hatte. Und auch wenn es wieder geschähe, würde Anna Katrine es sofort bemerken und sich wehren.

Das nächste Mal kam Anna Katrine ohne die auffällige Schminke. Ich sagte zu ihr, sie sehe anders aus als beim letzten Mal. Es sei nicht mehr nötig, ihre Identität so deutlich zu demonstrieren, wie ich es mal ausgedrückt hätte, erklärte sie. Ich fragte, was sie damit meine, und sie antwortete, sie sei sich jetzt sicherer, wer sie sei, und alle würden jetzt begreifen, dass sie Anna Katrine sei, der Gott ein eigenes Leben geschenkt habe, auf das sie aufpassen wolle. »Wenn ich nun bald über die Schwelle zum Erwachsenwerden trete, wie Sie es genannt haben, dann will ich über mein Leben selbst bestimmen und auf meine Weise leben.«

Der Liebeskummer

Ich kam noch einmal auf das Thema Liebeskummer zurück und sprach Anna Katrine darauf an, dass sie jetzt keinen Kontakt mehr zur ersten Liebe ihres Lebens hatte. Sie sah zu Boden und war offensichtlich traurig. Ich fragte, was sie dachte.

»Ich muss einfach darüber wegkommen«, antwortete sie. Sie kenne jetzt ein Mädchen im Kirchenchor, dem es auch so ging, und das sei ein Trost. Sie hätten sich vor ein paar Wochen kennen gelernt. »Sie war neu hier«, sagte Anna Katrine, »und da habe ich sie einfach angesprochen, weil ich gesehen habe, dass sie sich außen vor fühlte.« Ich sagte, dass sie da ein sehr schönes und reifes Verhalten gezeigt habe. »Sie musste von ihrem Freund wegziehen«, fuhr Anna Katrine fort, »und dann hat er nicht mehr geschrieben, und sie durften nicht miteinander telefonieren, also war es aus.«

»Du und deine Freundin, ihr habt etwas erlebt, was viele junge Menschen erleben. Die Gefühle sind heftig, und das bedeutet, dass sie okay so sind und genauso, wie sie sein sollen. Trotzdem ist es natürlich schmerzhaft, jemanden zu verlieren, der einem etwas bedeutet«, erklärte ich. Anna Katrine nickte und fügte dann hinzu, sie und ihre Freundin seien jetzt schon nicht mehr so traurig.

Ich sagte, sie müssten sich die Zeit nehmen, die sie bräuchten, um darüber hinwegzukommen, denn es sei schließlich nicht gefährlich, Liebeskummer zu haben. »Das ist nicht dasselbe wie Depressionen«, fügte ich hinzu. »Depressionen können eine Krankheit sein, während Liebeskummer etwas ganz Normales ist, das die meisten Menschen in ihrem Leben durchmachen, ohne dass es etwas mit Krankheit zu tun hat.« Annas Eltern bemerkten, Signes Schwester habe unter Depressionen gelitten. »Aber das tut Anna Katrine nicht«, sagte ich. »Im Gegenteil. Sie hat ganz normale und lebendige Gefühle, sie ist fähig, sich zu verlieben und zu trauern, wenn die Verliebtheit nicht weiterbestehen kann.« Die Eltern lächelten, und wir witzelten ein bisschen herum.

Ich sagte, ich würde Anna Katrine als eine klar denkende, reflektierte junge Dame erleben, was offensichtlich auch ihre Eltern zu schätzen wüssten und worauf sie stolz sein könnten. Beide Eltern nickten bestätigend und sahen ihre Tochter bewundernd an.

Die Versöhnung

Peter und Signe äußerten, dass sie im Laufe dieser wenigen Gesprächstermine viel von ihrer eigenen Tochter gelernt hätten. Es sei über viele Dinge geredet worden, die ihnen früher gefährlich und unaussprechlich erschienen seien. Außerdem meinten sie, ich müsse solche Geschichten doch sicherlich schon öfter gehört haben. »Das ist sowohl richtig als auch falsch«, sagte ich. »Ihre Geschichte habe ich noch nie gehört, denn die ist spezifisch für Ihre eigene Familie. Allerdings habe ich schon mit vielen Menschen im Therapieraum zusammengesessen, die auch vieles als Tabu erlebt haben und so daran gehindert wurden weiterzukommen. Tabuisierte Themen sind in Familien tatsächlich etwas recht Gewöhnliches«, erklärte ich ihnen. Ich hatte viel von ihrer Familie gelernt, besonders über die starken religiösen Dogmen, die wie böse Drohungen im Untergrund gelauert hatten, ohne dass über sie geredet wurde.

Gegen Ende der letzten Stunde, bei der wir alle gemeinsam anwesend waren, holte Signe das Kreuz hervor, das Anna Katrine von ihrer Tante geerbt hatte, und wollte es Anna Katrine nun überreichen. Sie habe es für ihre Tochter aufgehoben, sagte sie, und Anna Katrine sei jetzt so erwachsen, dass es sie auf ihrem weiteren Weg in die Zukunft selbst begleiten solle. Anna Katrine zögerte sehr, es entgegenzunehmen. Sie dachte nach und sagte mit etwas unsicherer Stimme, dass es vielleicht am besten sei, wenn die Mutter den Schmuck behalte, da die tote Person, der er gehört habe, der Mutter näher stehe als ihr selbst. Sie und Tante Anna seien sich ja nie begegnet. Signe erwiderte: »Ich würde mir wünschen, dass du den Schmuck trägst, aber um die schöne Perle leuchten zu lassen und um dich daran zu erinnern, dass du lebst und ein junger Mensch bist, den Gott mit reichen Gaben ausgestattet hat und der eine helle Zukunft vor sich hat. Der Schmuck soll ein Symbol für deinen lebendigen Weg in die Zukunft sein.«

Diese fast rituelle Übergabe verwunderte und beunruhigte mich ein wenig, also fragte ich: »Ist es eine Erinnerung daran, dass die tote Anna sie trotzdem auf Ihrem Weg begleitet?«

»Nein«, antworteten Peter und Signe fast im Chor. Sie seien jetzt alle drei in dem psychischen Trennungsprozess, den ich selbst Individuation genannt hätte, so weit gekommen, dass es nicht mehr nötig sei, an einer totalen Distanzierung von allem, was an Anna erinnerte, festzuhalten. Jetzt würden sie die Gewissheit, dass Anna Katrine eine einzigartige und unabhängige Person sei, nicht mehr verlieren.

Die Situation war geklärt, und es stand eine Art Aussöhnung mit der Vermischung bevor. Anna Katrine konnte jetzt mit Freude die Dinge entgegennehmen, die sie von der Tante geerbt hatte. Gleichzeitig konnten alle ihre Zuneigung für Anna im Herzen bewahren, für einen Menschen, den sie viel zu früh verloren hatten und den Gott nun beschützte. Die beiden Eltern waren sich sicher, dass Anna froh gewesen wäre, wenn sie gewusst hätte, dass ihre tolle Tochter Anna Katrine jetzt den schönsten Schmuck trägt, den Anna in ihrem irdischen Leben besessen hatte.[9]

Anna Katrine war sichtlich stolz, das zu hören, und sagte, sie werde den Schmuck zu Gelegenheiten anlegen, wo es ihr passend erscheine, aber als Tochter des Pfarrers wolle sie ihn nicht ständig tragen. Das sei irgendwie zu fromm. Sie könne ihn am Fußgelenk befestigen, wie viele andere Mädchen in ihrem Alter, aber sie würde ihn nur zu besonders feierlichen Anlässen anlegen.

Anna Katrine hatte sich jetzt als eigenständige junge Frau gezeigt. Zugleich hatten auch ihre Eltern eine Schwelle überschritten und betrachteten sich nicht mehr als Eltern eines Kindes, sondern als Eltern eines Teenagers. Das Schmuckstück war zum Symbol für diesen Prozess geworden. Durch diesen Prozess erreichten auch die Eltern ein größeres Maß an Eigenständigkeit, als Paar ebenso wie als Einzelpersonen, und befreiten sich stärker von den Meinungen und Verhaltensregeln der Generation ihrer Eltern. Ebenso wie ihre Tochter reihten sie sich mehr in ihre eigene Generation ein.

Die Eltern berichteten, dass Anna Katrine im Verlauf unserer Zusammenarbeit deutlich gereift und selbstständiger geworden sei. Nicht nur im Verhältnis zu ihnen, sondern auch in Bezug auf Schule und Freunde. Anna Katrine sagte selbst, sie wisse nun besser, was sie fühle, und das mache sie weniger verletzbar.

Die Eltern hatten viele unglückliche und zum Teil destruktive Muster aus ihren eigenen Ursprungsfamilien durchbrochen. Ein wichtiger Teil davon war ihrer Meinung nach, dass sie jetzt auch das Gefühl hatten, Kritik üben und sogar auf ihre Eltern wütend sein zu dürfen, weil die es sich erlaubt hatten, sie zu misshandeln. Ich fragte Anna Katrine, was sie dazu meine. Sie antwortete, es sei für sie wichtig gewesen zu hören, was die Eltern aus ihrer Kindheit erzählt hatten. »Vieles wusste ich irgendwie, aber ich konnte nicht fragen. Jetzt kenne ich sie irgendwie etwas besser, und außerdem begreife ich, warum sie immer gesagt haben, ich sei deprimiert und dass ich mir das Leben nehmen würde und so.« Das habe dazu geführt, sagte Anna Katrine, dass sie von jetzt an selbst sagen würde, was sie fühle. Sie wiederholte noch einmal, sie sei jetzt »eine eigenständige Person in der Familie« und könne für sich selbst sprechen. Sie war bereit für die Begegnung mit den Herausforderungen ihrer eigenen Generation.

»Der Verrückte«

Anders war ein neun Jahre alter Großbauernsohn und wohnte mit seiner Großfamilie auf einem schönen alten Hof. Er wurde von einem Psychologen zu uns geschickt, weil er so genannte Ticks[1] entwickelt hatte – unfreiwillige Gesichtszuckungen.

Das Heimatdorf von Anders und seiner Familie liegt in einer historischen Kulturlandschaft, die von Wohlstand geprägt ist. Hier wurden Traditionen und Denkweisen von Generation zu Generation weitervererbt. In einer solchen Traditionsgesellschaft hat ein Bruch mit den Lebensweisen früherer Generationen manchmal drastische Folgen. Die Geschichte von Anders zeigt, welche Macht Themen aus früheren Generationen in der Gegenwart für eine Familie haben können, wenn sie ins Schweigen verbannt werden. Die Familie in dieser Geschichte fühlte sich daran gehindert, ihr eigenes Familienleben unabhängig von traditionellen Regeln zu gestalten. Über solche Dinge zu sprechen, konnte als illoyal gegenüber der Großfamilie aufgefasst werden. In Zusammenhang mit diesem Konflikt begann Anders immer mehr unter Ticks zu leiden.

Anders' Eltern hatten sich schon lange über seine Grimassen und unkontrollierten Zuckungen Sorgen gemacht, als sie sich schließlich entschlossen, den Jungen in ein Krankenhaus zu bringen, um ihn untersuchen zu lassen. Sie wollten wissen, ob Anders an einer körperlichen Krankheit litt, die sein merkwürdiges Verhalten erklären würde. Anders war zuvor an einem kleineren Krankenhaus untersucht worden, ohne dass man dort etwas hatte finden können. Auch dieses Mal konnte man keine somatischen Ursachen oder einen organischen Schaden feststellen, also wurde Anders in psychologische Behandlung geschickt.

Es gehört auch zu dieser Geschichte, dass Anders schon vorher Gespräche mit einem Therapeuten geführt hatte, diese aber erfolglos blieben. Meiner Erfahrung nach müssen Ticks nicht unbedingt schwer zu behandeln sein. Solche Symptome sind bei Kindern oft vorübergehender Natur. Bei Anders hingegen hielt sich das Symptom hartnäckig.

Es schien, als sei der Junge im Laufe der Gespräche mit dem Therapeuten immer nervöser geworden, erzählte seine Mutter. Offenbar hatte er sich gezwungen gefühlt, seine Grimassen zu unterdrücken. Das hatte wahrscheinlich dazu geführt, dass die Ticks noch häufiger auftraten. Der Therapeut hatte darauf vertraut, dass der Junge schnell wieder gesund werden würde, hatte aber dennoch viele Stunden darauf verwendet, Anders dabei zu helfen, Kontrolle über seine Ticks zu bekommen. Der Junge empfand die Therapie und all die Aufmerksamkeit, die seinem selbststigmatisierenden Verhalten so wohlmeinend gewidmet wurde, als Druck. Er begann, sich zu weigern, zur Schule und zum Therapeuten zu gehen.

Die anderen Kinder hatten Anders in der Schule nachgeäfft, und je mehr er gehänselt wurde, desto mehr kamen die Ticks wie ein Zwang über ihn. Es war ihm unmöglich geworden, sie zu kontrollieren, und es schien immer noch schlimmer zu werden. Anders fühlte sich ausgestoßen und begann, sich selbst als merkwürdig wahrzunehmen. Dieses Wort hatte er schon in vielen anderen Zusammenhängen gehört. Er bekam Angst und entwickelte ein Gefühl der Hilflosigkeit. Er fühlte sich in einem Zustand gefangen, in dem alle Forderungen von außen zu Teilen eines bösen Kreislaufs wurden, gegen den er machtlos war.

Die ersten Gespräche

Um eine bessere Grundlage für unsere Arbeit mit Anders zu bekommen, bestellten wir beide Eltern zusammen mit dem Jungen zum Gespräch. Die Mutter Elise erschien allein mit Anders. Elise machte den Eindruck einer starken und sehr realistischen Frau. Sie schien eine gute Art zu haben, mit Anders umzugehen. Anders war dünn, blass und wirkte etwas schlaksig und zerstreut. Er war angespannt, traurig und hatte offenbar wenig Selbstvertrauen.

Während des Gesprächs wurde Anders häufig von Ticks überwältigt, starken Zuckungen des Kopfes und einigen merkwürdigen Bewegungen, bei denen sein Kinn wie in einem Krampf erstarrt schien. Außerdem kniff er die Lider zusammen, sodass wir uns fragten, ob er überhaupt in der Lage war, uns zu sehen, während er sprach. Die Ticks kamen plötzlich und ohne Vorwarnung, jedoch mit Pausen dazwischen.

Eine Folge der Ticks war, dass andere ihn nicht ansehen oder mit ihm sprechen mochten und er deshalb viel allein blieb. Obwohl seine Familienangehörigen in ihrem lokalen Milieu immer sehr zurückhaltend und unauffällig gewesen waren, wurde Anders nun als sehr merkwürdig erlebt, und sein unfreiwilliges Verhalten trug noch dazu bei, die Angst der Familie vor dem Anderssein zu schüren.

Wir begannen damit festzustellen, dass Anders bei uns war, um seine Ticks loszuwerden, dass wir aber zunächst mit seiner Mutter sprechen wollten, um zu hören, wie es ihr und der übrigen Familie ging.[2] Die Mutter war angenehm offen und berichtete von ihrer Sorge um den Jungen. Wir hörten uns zunächst ihre Darstellung der Problematik an. Allerdings hatte ich den Eindruck, dass es wichtig war, unser Augenmerk nicht nur auf die Symptome des Jungen zu richten, denn es war nicht sicher, ob uns das in dieser festgefahrenen Situation helfen würde.

Mein Gefühl sagte mir, dass der Junge schon einigem Druck ausgesetzt war, und ich wollte versuchen, diesen Druck so schnell wie möglich von ihm zu nehmen. Ich erklärte, dass wir gern alles wissen wollten, was der Junge gut konnte. Wir wollten es aufschreiben, denn so etwas würde oft schnell vergessen, wenn wir Erwachsenen anfingen zu reden. Deshalb sei es wichtig, es so schnell wie möglich schriftlich festzuhalten, damit wir diese Seiten von Anders nie ganz aus den Augen verlören.

Wir schrieben mit großen Buchstaben auf ein Flipchart. Anders konnte die Punkte laut vorlesen und sie kommentieren, falls er der Meinung war, dass etwas von dem, was dort stand, verändert werden müsse. Er las laut und korrigierte den Text an einigen Stellen. Bei dieser Beschäftigung stellten wir fest, dass Anders ein ausgezeichnetes Konzentrationsvermögen besaß, sich gut ausdrücken konnte und dass außerdem keine Ticks auftraten, während er sich auf die Aufgabe konzentrierte. Wir beschlossen, seine verschiedenen Fähigkeiten nach und nach hervorzuheben und ihn zu ermuntern, uns zu zeigen, was er in den Phasen zwischen unseren Sitzungen gemacht, gebaut oder erfunden hatte. Wir hatten den Eindruck, dass es für Anders wichtig war, uns seine starken Seiten zeigen zu können, und dass wir uns nicht nur auf sein problematisches Verhalten konzentrierten.

Zur nächsten Sitzung kamen beide Eltern mit. Anders' Vater Halvor war groß und kräftig und machte den Eindruck eines bescheidenen Mannes, der nicht viel redete.

Wir sagten, es sei gut, dass die Eltern für eine medizinische Untersuchung des Jungen gesorgt hätten und man jetzt beruhigt sein könne, weil Anders nicht ernsthaft körperlich krank war. Es gebe auch keinen Grund zu der Annahme, dass er ernsthaft psychisch krank sei. Allerdings bereiteten ihm die Ticks im Umgang mit anderen Menschen offensichtlich Schwierigkeiten. Uns wäre es lieber, wenn Anders die Ticks loswürde und mehr Spaß mit anderen Kindern hätte, sagte die Praktikantin. Anders hörte sehr genau zu und horchte offensichtlich ganz besonders auf, als wir sagten, seine Ticks seien kein Zeichen für eine Geisteskrankheit. Doch obwohl Anders danach etwas fröhlicher und aktiver wirkte, ließen seine Ticks nicht nach.

Aus seiner Schule erfuhren wir, dass die extremen Grimassen des Jungen schwer zu ertragen seien, auch für die anderen Kinder. Die Ticks waren zu einem Problem für sein soziales Umfeld geworden, und viele Kinder zogen sich von Anders zurück. Einige hatten angefangen, ihn den »Verrückten« zu nennen.

Beide Eltern waren still und wirkten sehr ernst. Sie konnten nicht viel dazu sagen, brachten aber deutlich zum Ausdruck, dass sie tief besorgt waren. Aufgrund der Probleme in der Schule und weil der örtliche Schulgesundheitsdienst einbezogen werden sollte, um zu überlegen, wie man den Jungen unterstützen konnte, besuchten wir also die Schule. Anders' Vater hatte uns für die nächste Sitzung zu sich nach Hause auf den Hof eingeladen. Alle Begegnungen mit den öffentlichen Institutionen fanden gemeinsam mit den Eltern statt.

Wegen des Mobbings in der Schule verlor Anders langsam sein Selbstwertgefühl, also war die Lage ernst. Wir gingen davon aus, dass wir dem Mobbing durch Zusammenarbeit mit der Schule ein Ende setzen konnten. Unserer Erfahrung nach verändert sich eine solche Atmosphäre immer schnell, sobald die Erwachsenen ihre Toleranzgrenze senken und negativ auf jegliches Verhalten reagieren, das andere Kinder quält. Dies wurde bei dem Treffen in der Schule diskutiert, und alle Anwesenden waren bereit, ihren Teil dazu beizutragen, das Problem anzugehen.

Anders war nicht der Einzige, der unter Mobbing litt. Durch die Gespräche in der Schule kam zu Tage, dass auch viele andere Kinder gemobbt wurden. Mehrere von den Kindern hatten Angst, darüber zu sprechen, weil sie fürchteten, noch mehr gequält zu werden, wenn sie »petzten«.

Zu Hause bei der Familie

Man bereitete uns einen freundlichen Empfang auf dem Hof, der hoch am Hang lag, mit freiem Blick über das Dorf. Das Anwesen bestand aus einer Reihe von Häusern, die um einen schönen Hofplatz herum standen.

Der Vater, Halvor, hatte aus Anlass unseres Besuchs die Arbeitskleidung gegen eine feine Hose und ein weißes Hemd eingetauscht. Auch Elise trug ein hübsches helles Kleid. Sie war von Beruf Handelskauffrau, war aber in den letzten Jahren zu Hause bei den Kindern geblieben. Anders hatte noch einen jüngeren Bruder und eine kleine Schwester.

Alles auf dem Hof wirkte aufgeräumt, hübsch in Stand gehalten und sehr gepflegt. Der ganze Ort strahlte eine Atmosphäre von Ordnung und Idylle aus. Das Bild des Hofes und seiner Umgebung passte jedoch nicht zu unserem Wissen um die schwerwiegenden Probleme des neunjährigen Anders, die so offensichtlich durch seinen Tick zum Ausdruck kamen. Anders weinte in letzter Zeit häufig, vor allem zu Hause, aber auch in der Schule. Die Situation war schwierig, und wir wussten nicht genau, wie wir das Ganze anpacken sollten. Dennoch begannen wir zu ahnen, dass es hier etwas gab, das die Familie und die Umgebung von Anders bedrohte. Uns fiel unser eigener Hang zur Idealisierung der hiesigen Idylle auf. Dabei hatten wir die Menschen auf dem Hof überhaupt noch nicht näher kennen gelernt. Das brachte uns dazu, von nun an besonders scharf zu beobachten.

Bei der Führung über das Anwesen gelangten wir auch an ein zugewuchertes, verfallenes Haus, das ebenfalls zum Hof zu gehören schien. Halvor verstummte, als wir daran vorbeigingen. Er wirkte sehr angespannt und steif und begann plötzlich, leise zu weinen. Über alles andere, was uns gezeigt wurde, hatte er eifrig gesprochen, doch jetzt schien es, als wollte er nur so schnell wie möglich Abstand zu dem verfallenen Haus gewinnen. Dieser unerwartete Ausbruch des stattlichen, hoch gewachsenen Mannes machte einen starken Eindruck auf uns.

Wir fragten vorsichtig, ob dieses Haus, das sich so markant von den anderen Gebäuden des Hofes unterschied, auch zum Hof gehöre. Halvor nickte bestätigend. Wir fragten, wer dort wohne. Es entstand eine Pause, und die Stimmung war gedrückt. Wir gingen weiter, ohne etwas zu sagen, bis Halvor sich mit einem großen blauweiß karierten Taschentuch die Augen trocknete und mit tränenerstickter Stimme sagte, in »diesem Haus« wohne sein ältester Bruder. Dieser Bruder sei ursprünglich der Hoferbe gewesen. Wir sagten, es sei vielleicht unpassend, jetzt Fragen zu stellen. Wir bräuchten nicht weiter darüber zu sprechen. Eventuell könnten wir später auf die Sache zurückkommen.

Wir gingen über ein paar Weiden wieder zum Haupthaus zurück. Halvor war schweigsam. Wir wechselten das Thema und sprachen über die schöne Vegetation und die üppigen Büschel farbenfroher Wildblumen. Im Haupthaus wurden wir gebeten, uns um den Kaffeetisch in der Wohnstube zu setzen, um unsere Sitzung abzuhalten, Elise, Halvor, Anders, die Praktikantin und ich. Halvor begann schon zu sprechen, bevor Elise den Kaffee eingeschenkt hatte.

Sein Bruder sei »nicht ganz richtig im Kopf«, sagte er unaufgefordert, und das sei der Grund, warum er bisher nicht von ihm gesprochen habe. Der Bruder lebe schon, seit er ein junger Mann gewesen sei, in dem verfallenen Haus und habe keinen Kontakt mehr zur Familie. Er war ursprünglich der Hoferbe gewesen und hatte den Betrieb freiwillig auf Anraten der Eltern an Halvor abgetreten. Es gab eine gerichtlich beglaubigte Vereinbarung zwischen den Brüdern, dass der Ältere, der »nicht ganz richtig im Kopf« war, niemals gegen seinen Willen vom Hof entfernt werden durfte. Dieses Versprechen war eingehalten worden, doch der Bruder musste in regelmäßigen Abständen immer wieder in eine psychiatrische Anstalt eingeliefert werden, sagte Halvor. Er sei für die ganze Familie immer eine Belastung gewesen, fügte Elise hinzu. Anders saß dabei und hörte zu, ohne etwas zu sagen.

»Der Verrückte«

Halvor wartete eine Weile, bevor er fortfuhr: »Das mit meinem Bruder ist eine große Last, und wir können nie wissen, wann er wieder durchdreht. Im Krankenhaus hat man uns gesagt, er habe eine Psychose, eine schwere Geisteskrankheit. Wenn er Stimmen hört und meint, dass es alle auf ihn abgesehen haben, wird er auch manchmal gewalttätig, und dann ist er sehr schwer zu bändigen.« Halvor zog wieder das blauweiße Taschentuch hervor.

Elise sah ihren Mann mit besorgter Miene an. »Halvor hat sich mehrmals mit seinem Bruder prügeln müssen, und das hat der ganzen Familie Angst gemacht«, erzählte sie. Halvor weinte. Anders hörte aufmerksam zu.

Ich fragte, ob Anders von alledem gewusst habe. »Ja«, antwortete er, »ich wusste, dass er nicht ganz richtig im Kopf ist, der da unten.« – »Und macht es dir Angst?«, fragte ich. »Ja, ein bisschen, weil ich nicht will, dass Papa sich prügelt«, antwortete Anders.

»Wir wissen ja nie, ob nicht was Schreckliches passiert«, sagte Elise, »und wir versuchen natürlich, die Kinder davor zu schützen. Ich glaube, sie wissen nicht so viel darüber, aber es ist natürlich schwierig, die gewalttätigen Zwischenfälle vor ihnen zu verbergen.« Halvor meinte, das sei das Schlimmste. »Und er tut mir auch so schrecklich Leid, mein Bruder, obwohl er sich total unmöglich benimmt, und er wird völlig isoliert.«

Elise war es gelungen, eine Absprache mit der psychiatrischen Anstalt zu treffen, dass sie sofort einen Krankenwagen schicken und »den in dem Haus da unten« abholen, wenn er unruhig wird. »Sie müssen verstehen, das ist wirklich nicht einfach gewesen, weil meine Schwiegermutter ihren Sohn am liebsten auf dem Hof behalten möchte. Sie hält es für eine Schande, dass er in so einem Krankenhaus für Nervöse untergebracht wird. Sie sagt, wir sollten in der Lage sein, ihn hier zu Hause zu betreuen, genauso wie sie zu ihrer Zeit jene versorgt hat, die in der Familie Hilfe brauchten«, sagte Elise und seufzte.

»Im Dorf ist es auch nicht leicht, bei so schwierigen Sachen Hilfe zu bekommen, aber jetzt ist er so ungestüm geworden, dass ich es nicht mehr alleine schaffe, ihn am Boden zu halten, und das ist eine unhaltbare Situation für uns alle, auch für die Kinder«, sagte Halvor fast flüsternd.

»Ich denke, es ist sehr wichtig, dass Ihr Bruder jetzt in die Obhut einer öffentlichen Einrichtung gegeben wird«, sagte ich. »Wie heißt er übrigens?« Anders gab mir die Antwort: »Er heißt eigentlich Jørgen, genau wie unser Großvater.«

»Dann kann ich ihn ja vielleicht Jørgen nennen«, sagte ich und fragte Anders, wie er seinen Onkel nenne.

»Och, gar nicht, wir sagen meistens, der in dem Haus da unten«, sagte Anders. Er dachte einen Moment nach und fügte dann hinzu: »Es ist irgendwie verkehrt für uns, ihn Jørgen zu nennen, weil Jørgen, das ist eigentlich Großvater… und dann… der war nicht krank, obwohl er auch Hoferbe war, als er klein war.« Die Eltern nickten bestätigend.

»Ja«, sagte ich, »und es ist wichtig zu unterscheiden, wer wer ist. Nicht alle Hoferben sind krank. Anders' Onkel hat offenbar eine schwere psychische Krankheit, die in einem Krankenhaus behandelt werden muss. In der heutigen Gesellschaft müssen Familien schließlich nicht mehr allein die Verantwortung für so schwierige Dinge übernehmen, oder?«

Halvor und Elise nickten, dann holte Elise tief Luft und sagte: »Nein, das meinen wir auch, aber unsere Meinung kommt erst nach der meiner Schwiegermutter. Sie ist die Älteste, wissen Sie, außerdem ist es nicht Halvors Art, seinen Eltern zu widersprechen. Das hat er nie getan. Die alte Frau hat ihre ganz eigene Meinung zu allem, und darauf wird gehört und Rücksicht genommen hier auf dem Hof.« Halvor sagte, Elise habe Recht, so sei es gewesen, aber jetzt könne er erkennen, dass seine eigene Familie unter dieser Konstellation leide. Halvors alte Mutter wohnte im Austragshaus. Sie brauchte viel Hilfe, und Elise sah jeden Tag nach ihr. Bis jetzt hatten Elise und Halvor nicht das Herz gehabt, sie in ein Altersheim zu bringen. Die bald neunzigjährige alte Bäuerin war sehr willensstark und hatte einfach beschlossen, bis zum Ende auf ihrem Hof wohnen zu bleiben.

Früher hatte die Familie nie mit Außenstehenden über das Problem mit dem kranken Bruder sprechen wollen, vor allem aus Rücksicht auf die Kinder. Sie waren im Dorf sowieso schon als geisteskrank abgestempelt. Halvor hatte Angst, dass Anders, der Hoferbe der nächsten Generation, unter der Verrücktheit seines Onkels leiden müsse. Offenbar hatten die Hoferben die Anlage zu Geisteskrankheiten, obwohl Anders' Großvater nicht krank gewesen war.

Anders hörte aufmerksam zu, während seine Eltern dies erzählten. Ich benutzte die Gelegenheit, um hinzuzufügen: »Und das zeigt doch wohl, wie wichtig das ist, was Anders gerade angesprochen hat, dass nämlich nicht alle Hoferben krank sind, oder?« Elise nickte nachdrücklich, und Anders sah mich aufmerksam an. Ich beließ es dabei, weil ich das Thema eine Weile ruhen lassen wollte.

Im Dorf wurde der kranke Bruder »der Verrückte« genannt, berichtete Halvor. Er habe das als sehr demütigend und beschämend für seine Familie empfunden, besonders für die Kinder. Halvor zog wieder das große, blauweiß karierte Taschentuch hervor. »Mein Bruder ist schon als Schuljunge durch seine Eigenartigkeit aufgefallen. Seine Geisteskrankheit war eine große Belastung und eine Schande für die Familie, die das ja schon seit mehreren Generationen erlebt hatte. In jeder Generation hat es einen Verrückten gegeben. Manche haben einen großen Teil ihres Lebens in Einrichtungen zugebracht, aber das sind Dinge, über die man in der Familie nicht spricht.

Die Verwandten warten jetzt nur darauf, welches der Kinder der neue Verrückte wird. Deshalb ist es auch so schlimm, dass Anders von den anderen Kindern in der Schule schon der Verrückte genannt wird.« Beide Eltern meinten, die Kinder hätten sicher irgendwo gehört, dass Anders aus einer Familie mit Verrückten stamme. Die Geschichten früherer Generationen drangen nun in Elises und Halvors Familie ein, und es war eindeutig, dass die Kinder unter der Situation litten.

»Das Leben, von dem Elise und ich für unsere Familie geträumt haben, versinkt gerade im Elend, und wir können überhaupt nichts dagegen tun«, sagte Halvor. Elise sah ihn mit einer Art Entsetzen im Blick an und stieß hervor: »Das ist das erste Mal, dass ich Halvor so deutlich darüber sprechen höre, was mit uns geschieht.«

Die Gefahr der Konservierung stummer Themen

Vor unserem Hausbesuch hatte niemand in der Familie das Thema der Geisteskrankheiten erwähnt, auch nicht nach vielen Wochen des Kontakts mit unserer Klinik. Obwohl wir im

Nachhinein sicher waren, gefragt zu haben, ob es in der Familie Krankheiten somatischer oder psychischer Art gebe, war nie ein Wort über diese Geisteskrankheiten und den aktuellen Konflikt mit dem Bruder des Vaters gefallen. Dennoch war es für alle ein quälendes und wichtiges Thema, das unausgesprochen die weitere Entwicklung von Anders blockierte.

Im Nachhinein habe ich mich gefragt, ob Halvor bewusst oder unbewusst den Wunsch gehabt hatte, das zu ändern, als er uns bei unserem Rundgang zu dem verfallenen Haus und dann schnell daran vorbei geführt hatte. Es wäre leicht zu vermeiden gewesen, denn das Haus lag hinter den anderen Gebäuden. Vielleicht war es ein Versuch, die schmerzhafte und demütigende Situation ans Licht zu holen? Vielleicht beinhaltete Halvors Initiative auch den Wunsch, dem Schweigen und der Tyrannei der Geschichte dahinter die Stirn zu bieten?

Als Therapeuten konnten wir der Familie nicht vorwerfen, dass dieses Thema totgeschwiegen worden war. Es ist ein charakteristischer Zug von bedrohlichen und schambesetzten stummen Geschichten, dass sie am liebsten in einer nebligen Sphäre irgendwo zwischen dem bewusst Ausgesprochenen und dem Eingeschlossenen, Unausgesprochenen verharren. Jeder weiß, dass es da etwas gibt, das besprochen werden müsste, doch die Bedrohung und der emotionale Widerstand hüllen alle, die in der Therapiesituation anwesend sind, in einen Schleier des Schweigens – auch die Therapeuten. Denn auch sie werden in die emotionale Kultur der Familie hineingezogen. Deshalb ist es so wichtig zu versuchen, Verschwiegenes dann anzusprechen, wenn die Therapeuten noch naive Fragen stellen können, die tabuisierte Themen berühren.

In solchen Situationen ist es von Vorteil, ein Außenstehender zu sein. Es können Themen auftauchen, die jemand, der die Situation kennt, kaum ansprechen könnte, ohne die Betroffenen zu beleidigen. Dass professionelle Helfer aus der Außenperspektive Fragen stellen, fordert auch die Eingeweihten dazu auf, nach Erklärungen zu suchen. Oft ist es leichter, unaussprechbare Dinge einem Menschen mitzuteilen, den man nicht so gut kennt. Der Therapeut kann das Gespräch mit einer natürlichen fragenden Haltung so mitgestalten, dass die Zuhörenden und die Sprechenden gemeinsam laut zu denken beginnen. So entsteht ein Dialog, in dem die tabuisierten Themen in einem Kontext betrachtet werden und der Erzählende die Situation nicht ganz allein erforschen muss. Wenn das geschieht, verliert das Thema seinen Status des Geheimen, Unaussprechlichen oder Verschwiegenen.

Nach dem Hausbesuch

Nach dem Besuch auf dem Hof der Familie sprachen wir ausführlich über Anders' kranken Onkel, und es kamen viele Geschichten zu Tage, die deutlich machten, dass er schon als Junge ganz anders gewesen war als Anders. Elise war eifrig bemüht, die Unterschiede zwischen ihrem Sohn und dem Bruder ihres Mannes herauszustreichen. Das war sehr hilfreich und erhellend, und sie sprach sehr offen darüber.

»Ich sehe schon lange, dass einige Details aus der Geschichte des Hofes für die Kinder nicht besonders ermutigend sind. Es ist an der Zeit, über diese verschlossenen Kapitel der Familiengeschichte meines Mannes zu sprechen, um sie abschließen und vergessen zu können«, sagte Elise. Sie selbst sei im Dorf eine Zugezogene und wolle sich den herrschenden Regeln nicht mehr unterwerfen, die die Familie daran hindern, miteinander zu reden. Sie wolle ihre Familie und insbesondere die Kinder von den beschämenden Themen früherer Generationen befreien.

Halvor schien zu schätzen, was Elise sagte. Er meinte, er habe sie noch nie zuvor die Dinge so deutlich und direkt ansprechen hören. Sie habe sich der Macht des Schweigens, die jegliches spontane Gespräch in der Familie erstickt hatte, offensichtlich auch gebeugt. Wir machten ein paar witzige Bemerkungen über Elises »Widerstandsgeist«, doch Halvor meinte, es sei für alle Familienmitglieder gut, geradeheraus zu sagen, was sie meinten. Er glaube nicht mehr, dass sie einer ständig lauernden Gefahr ausgesetzt seien. Halvor sprach jetzt mit kraftvoller, selbstbewusster Stimme und hatte offensichtlich Pläne, wie er und die Familie die Situation in Zukunft meistern könnten.

Ich wies nachdrücklich darauf hin, dass Elise und Halvor in ihrem anstrengenden Alltag möglicherweise ein paar Nischen bräuchten, wo sie alleine wären und offen miteinander sprechen könnten. Wir lobten die Familie für ihre Kraft zu erkennen, wie sie unverschuldet in eine Geschichte hineingezogen worden war, der sie sich nun nicht mehr unterwerfen musste.

Befreiung von der Erblast

Nachdem den Eltern klar geworden war, wie sie sich ihr Familienleben vorstellten, konnten wir uns wieder der Hauptthematik zuwenden, nämlich Anders' gegenwärtiger und zukünftiger Lebenssituation.

Ich präzisierte: »Auch wenn Anders der Hoferbe ist und einige Probleme hat, ist sein Problem nicht dasselbe wie das seines Onkels. Der Onkel leidet an einer Geisteskrankheit, was bei Anders nie der Fall gewesen ist. Außerdem entwickeln sich Ticks nicht zu schweren Krankheiten, auch nicht im Laufe eines langen Lebens. Anders hat also eine ganz andere Veranlagung als sein Onkel und zeigt keinen der Züge, die man an seinem Onkel beobachten konnte, als er ein Junge und der Hoferbe war. Auch wenn Anders der jetzige Hoferbe ist und in dieser Hinsicht in die Fußstapfen des Onkels tritt, bedeutet das noch lange nicht, dass er auch krank ist oder werden wird.«

Das hatte Anders selbst in einem Gespräch festgestellt, als er darauf hingewiesen hatte, dass der Großvater auch Hoferbe gewesen war, aber niemals so krank wie der Onkel. Anders nickte heftig, als ich das sagte, mit einem Anflug von Triumph im Gesicht.

Ich fuhr fort: »Außerdem hat die Krankheit des Onkels nichts damit zu tun gehabt, dass er der Hoferbe war.« Anders folgte meinem Gedankengang und sagte: »Also, er hätte als Junge auch Fußballspieler gewesen sein können, oder vielleicht hätte er Polizist werden wollen, oder so, trotzdem hätte er krank werden können?« Halvor nickte und sagte mit bestimmter Miene: »Ganz genau.«

Ich fügte noch hinzu: »Wenn es um Vererbung geht, dann orientiert sich die Krankheit nicht an einem Beruf. Wenn Krankheit etwas mit Erbe zu tun hat, dann geht es um das genetische Erbe.« Wir hatten Anders das Wort genetisch schon einmal erklärt. »Es gibt nichts, was im Falle von Anders auf ein genetisches Erbe hinweist, auch wenn eine erbliche Verletzbarkeit in früheren Generationen nicht ausgeschlossen werden kann.« Dass Anders nicht an einer schweren Geisteskrankheit litt, wurde mehrmals wiederholt. Ich hielt es für wichtig, das dem Jungen und den Eltern gegenüber so oft wie möglich zu unterstreichen.

Da Anders' Mutter, die aus einem anderen Teil des Landes kam, der Familie neues Blut und neue Gene zugeführt hatte, war es wenig wahrscheinlich, dass die Kinder der Familie von demselben Leiden betroffen würden, das frühere Generationen ereilt hatte. Halvor sprach schließlich offen aus, dass es einen gewissen Anteil an Inzucht in der Familie gegeben habe, was auch immer ein Tabuthema gewesen sei. Dieses Phänomen war früher in isolierten Dorfgemeinschaften nicht ungewöhnlich und hatte sicherlich in manchen Fällen zu erblichen

Krankheiten geführt. Dennoch sprach im Dorf niemand darüber. Durch die offeneren Familienstrukturen, die viele Personen von außen hinzukommen ließen, war es heute meist kein bedrohliches Thema mehr.

Bauer oder nicht Bauer

Eine andere Frage war, ob Anders sich tatsächlich dafür entscheiden würde, Bauer zu werden. Das würde später für ihn zu einem wichtigen Thema werden. Würde es Anders' Wunsch sein, den Hof zu übernehmen, oder würde der Hof ihn fordern, ob er selbst es wünschte oder nicht?

Die Eltern erkannten die Talente ihres Jungen und sprachen jetzt voller Stolz darüber. Halvor sagte, er habe in seiner Jugend den heimlichen Wunsch gehegt, das Dorf und den Hof zu verlassen. Als seine Eltern ihn dann gebeten hatten, den Hof weiter zu bewirtschaften, habe er sich lange geweigert. Doch Halvor hatte seine Eltern nicht im Stich gelassen. Die Eltern hatten schon früh erkannt, dass ihr ältester Sohn nicht in der Lage sein würde, den Hof zu übernehmen. Also war Halvor an der Reihe. Damals konnte sich ein Sohn auf einem wertvollen und gut geführten Hof nicht der Verantwortung entziehen und eine ganze Familie und deren Tradition zerbrechen, nur weil er den Wunsch hatte, einen anderen Beruf auszuüben und ein anderes Leben zu führen, als ihm das Dorf bieten konnte. Heute war das anders.

Dass dieser Zusammenhang nun klar wurde, schien auch für die Familie eine Erleichterung zu sein. Hier gab es eindeutig einen Generationswechsel. Elise war besonders froh, dass das Thema der Hofübernahme offen zur Diskussion kam. Wenn keines ihrer Kinder den Hof übernehmen wolle, dann gebe es mehrere junge Verwandte, die dafür geeignet seien, meinte sie. Die Kinder könnten auch eine andere Ausbildung machen, wenn sie es wünschten. Wie auch immer die Antwort auf diese Frage einmal lauten würde, war es doch wichtig, dass das Thema schon jetzt auf den Tisch kam.

Freieres Sprechen

Elise war einige Jahre zuvor aus einem anderen Teil des Landes gekommen, um Halvor zu heiraten. Im Grunde hatte Halvor schon bei der Wahl einer Partnerin außerhalb des eigenen Dorfes ungeschriebene Gesetze gebrochen. »Das war eine schwere Bürde«, sagte Halvor und war offensichtlich immer noch stolz auf seine »Braut«, der viele am Anfang mit Skepsis begegnet waren. Sie hatte im Laufe der Jahre ihre Stärke, Ausdauer und Fürsorglichkeit bewiesen. Doch das Allerbeste sei – und darin waren Elise und Halvor sich einig –, dass Elise von Natur aus eine offene und direkte Art habe. »Darin ist sie anders als die meisten Mitglieder meiner Familie«, meinte Halvor. Wo es möglich gewesen sei, sich den Normen zu widersetzen, die in der Familienkultur auf dem Hof herrschten, habe sie oft sehr deutliche Worte gefunden. Elise selbst hatte das Gefühl, dass diese Normen nun nicht mehr so hemmend waren. Halvor sagte: »Unsere Gespräche haben dazu geführt, dass sich keiner mehr so sehr in dem gefangen fühlt, was früher zugedeckt bleiben sollte, was mir aber jetzt auch nicht mehr so gefährlich erscheint.«

Elise meinte, die Familie betrachte sich jetzt als Trägerin von neuem Blut, buchstäblich und im übertragenen Sinne. Wir wollten wissen, in welchem übertragenen Sinne. Halvor antwortete, das habe etwas mit der Einstellung zu tun, und die anderen bestätigten das.

Anders hatte seit längerer Zeit keine Ticks mehr gehabt, sodass dieser Grund für unsere Gespräche nur noch selten erwähnt wurde. Die Familienmitglieder hatten eine andere Einstellung zu sich als selbstständiger Familie gewonnen und fühlten sich nun weniger durch mögliche Auslöser von Scham und andere Restriktionen belastet. Ich hatte den Eindruck, dass sie damit beschäftigt waren, in ihrer Familie eigene Interessen zu entwickeln, und viel freier miteinander sprechen konnten.

Die Eltern sagten, sie hätten nicht gedacht, dass man mit Psychologen so reden könne, wie sie es mit uns getan hätten. Sie wüssten irgendwie gar nicht, wie es gekommen sei, aber ihre gesamte Situation habe sich drastisch zum Besseren verändert. Daraufhin erklärten wir, dass sie sich diese Veränderungen selbst zu verdanken hätten. Wir hätten nur Fragen gestellt und damit vielleicht neue Möglichkeiten eröffnet. Sie meinten, sie hätten selbst gewusst, dass Anders' Probleme mit ihrer Familiensituation zu tun hatten, aber sie hätten nicht gewusst, wie sie es anpacken und weiterkommen sollten. Sie hätten sich schrecklich erschöpft gefühlt. »Vor unseren Gesprächen waren wir nicht in der Lage, über unseren tollen Jungen und all seine guten Eigenschaften und Möglichkeiten zu sprechen. Wir hatten eine bedrückende Furcht, dass Anders dieselbe Krankheit entwickeln könnte wie sein Onkel und der ›Verrückte‹ der nächsten Generation werden würde. Jetzt ist diese Furcht ausgemerzt.« Anders nickte bestimmt und wollte eindeutig schnell wieder los, um mit den Kumpels zusammen zu sein, von denen er in letzter Zeit erzählt hatte.

Abschied von den Ticks

Anders' Klassenlehrer und der Rektor der Schule hatten gemeinsam mit Anders' Eltern und vielen anderen ein Programm gegen Mobbing erarbeitet. Dadurch verbesserte sich das Klima in der Schule merklich, und Anders wurde nicht mehr gemobbt. Auch seine Eltern fühlten sich durch das Gerede der Leute im Dorf weniger verletzbar und nicht mehr so leicht angreifbar. In unseren gemeinsamen Gesprächen wurde weiterhin Anders' Fähigkeiten eine große Bedeutung beigemessen. Er machte schnelle Fortschritte in der Beziehung zu Gleichaltrigen. Die Eltern unterstützten ihn dabei und zögerten nicht mehr, ihm zu erlauben, andere Kinder nach Hause einzuladen. Anders ging nun mit immer weniger Widerwillen in die Schule und wurde Mitglied einer Fußballmannschaft.

Als Anders zum letzten Mal unser Gesprächszimmer verlassen wollte, liefen ein paar Zuckungen über sein Gesicht. Wir deuteten das als verinnerlichte Reaktionsweise auf eine gefühlsgeladene Situation und sagten, es sei durchaus angemessen, dass die Ticks, die ja die »Eintrittskarte« zu den Gesprächen mit uns gewesen seien, nun auch zum Ende des Kontakts eine letzte Zuckung zeigten. Auf diese Weise nähmen die Ticks bereits Abschied!

Bei späteren Telefonaten mit der Familie erfuhren wir, dass Anders nun ein in jeder Hinsicht aktiver Junge sei. Außerdem hätten andere wichtige Veränderungen in der Familie dazu geführt, dass die alte Bäuerin jetzt in ein Pflegeheim gekommen sei. Sie habe es selbst so entschieden, nachdem sie alle miteinander gesprochen hätten. Elise war erleichtert, besuchte die alte Frau jedoch so oft wie möglich. Anders sei zurzeit sehr beschäftigt, weil er jetzt einer Clique angehöre, und er habe auf dem Fußballfeld vielversprechende Talente gezeigt! Niemand nannte ihn mehr einen »Verrückten«.

Sieben stumme Jahre

Eines späten Abends rief mich ein Vater an. Er wollte mit mir eine Sitzung für seine siebzehn Jahre alte Tochter Kristin vereinbaren, die, wie er jetzt erst erfahren hatte, an Bulimie litt. Es ginge ihr zurzeit sehr schlecht, und er fürchte um ihr Leben. Sie sei außerdem zutiefst deprimiert und möglicherweise nehme sie Tabletten, die ihr kein Arzt verschrieben hatte. Er erwähnte auch, dass seine Tochter schon früher eine Therapie gemacht, sie aber abgebrochen habe.

Ich fragte ihn, ob auch andere Familienmitglieder in die Behandlung involviert waren. Das verneinte er. Der Therapeut habe gemeint, es sei besser, die Familie außen vor zu halten, da es dort Konflikte gebe, die dem jungen Mädchen nicht zuträglich seien. Der Kontakt zu dem Therapeuten sei nun beendet. Ich sagte, ich könne zwar seiner Tochter einen Termin geben, doch das Ganze sei viel erfolgversprechender, wenn mehrere Familienangehörige mit dem Kind mitkommen würden, vor allem die Eltern. Daraufhin antwortete der Mann, die Familie sei seit sieben Jahren aufgelöst, und er und seine Frau hätten seit damals nicht mehr miteinander gesprochen. Er meinte, es sei nicht ratsam, die Familie in die Gespräche mit der Tochter hineinzuziehen. Das könne es für sie noch schwieriger machen, und schließlich sei sie es, die Hilfe brauche.

Nach meiner Erfahrung aus der Arbeit mit jungen Menschen mit schwerer Symptomatik verläuft die Behandlung günstiger, wenn auch die Familie an einigen Gesprächen teilnimmt. In Fällen, in denen angenommen wird, dass ein junges Familienmitglied »das Problem« hat, ziehe ich es vor, den oder die Betreffende gemeinsam mit der Familie einzuladen, jedenfalls zur ersten Stunde. Ich betrachte die Familie als einzigartige Ressource für junge Menschen, wenn es darum geht, das Problem langsam einzukreisen. Das erklärte ich auch dem Vater.

Er erzählte mir, seine Tochter sei sehr krank und befinde sich in einer Phase, in der sie unkritisch alles in sich hineinstopfe, oft kiloweise fettes Essen, um sich danach zu erbrechen, und das mehrmals am Tag. Sie esse nicht mehr zusammen mit der Familie, sondern allein, am liebsten zu Zeiten, in denen sonst niemand im Haus sei. Sie wolle am liebsten allein sein und wirke schlapp und erschöpft. Auf meine Frage hin bestätigte der Mann, dass seine Tochter in einem Krankenhaus regelmäßig medizinisch betreut werde.[1] Allerdings sei sie dort nicht mehr zu ihren Therapiestunden erschienen.

Ich unterstrich noch einmal meinen Wunsch, beim ersten Gespräch die ganze Familie zu treffen, und erklärte auch, dass gerade dieses erste Treffen für alle eine Gelegenheit sein könne, einander zu begegnen und miteinander zu reden.

Er räusperte sich, und seine belegte, fast nicht hörbare Stimme wurde etwas klarer. Ich hatte den Eindruck, dass er Kräfte mobilisierte, die es ihm erlaubten, die Sache aus einem anderen Blickwinkel zu betrachten. Möglicherweise war das die kleine Wendung, die das Problem aus der inneren Welt der Tochter herausholen und auf eine Ebene heben würde, die auch ihre nächsten Angehörigen etwas anging. Vielleicht boten sich dadurch neue Möglichkeiten, um die sprachlose, stagnierte Situation etwas in Bewegung zu bringen, eine Situation, in der bislang die Tochter allein demonstrierte, dass etwas nicht stimmte.

Dass die Eltern seit sieben Jahren nicht miteinander gesprochen hatten – sogar in Phasen, in denen die Tochter krank war –, verstärkte nur noch meinen Wunsch, alle gemeinsam zu treffen. In dieser Familie gab es sicherlich, abgesehen von der Fress- und Brechwut einer Siebzehnjährigen, noch vieles andere, was in einem stillen Kampf ums Überleben erstarrt war, dachte ich. Die Behandlung musste, das sagte mir mein Gefühl, einige Umwege über die Familienkultur machen, bevor man unangemeldet in das turbulente Innenleben eines jungen Mädchens eintrat. Wahrscheinlich würde es darum gehen, ihr zu ermöglichen, aus ihrer Isolation herauszukommen und die Änderungsversuche anderer Menschen nicht abzuweisen. Wenn ich vorsichtig vorging, war es vielleicht möglich, ihr eine Nahrung anzubieten, die sie bei sich behalten konnte[2] und die sie stärken würde. Das musste allerdings in Zusammenarbeit mit ihren Angehörigen geschehen. Außerdem spiegelte sich die verhärtete Situation zwischen den Eltern, die dazu geführt hatte, dass sie nicht mehr miteinander sprachen, auch im Problem der Tochter wider. Im Moment schien mir die Sorge des Vaters vor allem ihrer Essstörung zu gelten. Ihr Leben stand auf dem Spiel.

Ich hatte das Gefühl, ihm noch nachdrücklicher erklären zu müssen, wie wichtig es war, dass die Familie zum ersten Gespräch gemeinsam erschien. Der Vater wollte sich die Sache in Ruhe überlegen. Falls er sich entschied, die Tochter allein herzuschicken, bestand die Gefahr, dass ich an derselben Stelle scheitern würde, wo das Mädchen den vorigen Therapeuten verlassen hatte. Ich musste auch überlegen, inwieweit Grund bestand, das Mädchen in eine Klinik einzuweisen, und ob ich es verantworten konnte, eine Behandlung in einer Privatpraxis zu beginnen.

Es dauerte ein paar Tage, dann rief der Vater wieder an. »Jetzt habe ich meinen ganzen Mut zusammengenommen und habe Kontakt zu meiner Exfrau aufgenommen!«, sagte er deutlich erregt. Er müsse zugeben, dass dieser Vorstoß tatsächlich ein Versuch sei, wieder einen normalen Kontakt zwischen allen Familienmitgliedern zu ermöglichen – auch wenn die Ehe zwischen den beiden Erwachsenen aufgelöst sei. Diese Tatsache müsse ja nicht unbedingt die Beziehungen aller Familienmitglieder untereinander beherrschen, habe er sich überlegt.

Wir waren uns einig, dass es für ihre jugendliche Tochter mit dem Bärenhunger und auch für die anderen Kinder möglicherweise wichtig war, zu erleben, dass die Eltern ihre erstarrte Beziehung aufbrachen und es miteinander aushielten und dadurch ihren Kindern, wenn diese sie brauchten, elterliche Unterstützung und Hilfe geben konnten. Die einfache Tatsache, dass die Eltern zusammen mit ihren Kindern im selben Raum saßen, konnte schon ein Fortschritt sein – für alle.

Die Exfrau hatte sich dem Vorschlag, mit ihm und ihrer Tochter zusammenzutreffen, nicht widersetzt. Sie hoffe, dass sie der Tochter gemeinsam weiterhelfen könnten, habe sie gesagt.

»Sie – äh – sie – meinte, es sei nicht gut, oder na ja – eher nicht richtig – dass sie so – so allein – so allein sei mit der Verantwortung für Kristin und die anderen Kinder«, stammelte der Mann, der sich sonst sehr artikuliert auszudrücken pflegte, mit kaum hörbarer Stimme.

Ich sagte ihm, er habe ein wichtiges Stück Arbeit geleistet und sei einen großen Schritt vorangekommen, indem er Kontakt zu seiner früheren Frau aufgenommen habe. Dass der Vater angerufen hatte, um Hilfe für seine Tochter zu suchen, zeigte schließlich auch, dass er sich Sorgen machte, dass er ein engagierter Vater war und ihr gern helfen wollte. Das Treffen würde deutlich machen, dass nun wieder beide Eltern Verantwortung übernahmen und dass sie in der Lage waren, gemeinsam ihre Elternpflichten zu erfüllen, auch wenn es früher schwierig gewesen war. Möglicherweise würde sich herausstellen, dass die Familie den Willen, die Fähigkeit und die

Kraft hatte, das gewohnte Schweigen zu brechen, das möglicherweise nicht nur der ältesten Tochter Probleme bereitet hatte.

Die erste Begegnung

Unser erstes Treffen fand an einem kalten, dunklen Wintermorgen statt. Ich hörte das Trampeln unzähliger schwerer Stiefel auf der Holztreppe des alten Hauses, in dem ich meine Praxis hatte. Als ich die Tür öffnete, standen fünf blasse und frierende Menschen vor mir, zwei Erwachsene und drei Jugendliche. Ich führte sie ins Therapiezimmer und bat sie, sich in den von mir aufgestellten Stuhlkreis zu setzen. Dann ging ich hinaus, um die heiße Schokolade zu holen, die ich für sie gemacht hatte. Die ganze Familie war an diesem Morgen in aller Herrgottsfrühe aufgestanden, um zum vereinbarten Termin um Viertel vor acht bei mir zu sein.

Drinnen war es zwar warm, doch die Kälte draußen rechtfertigte es gewissermaßen, dass die Kinder gut eingepackt und geschützt in ihren Daunenjacken sitzen blieben. Ich dachte im Stillen, dass sie buchstäblich gepolstert waren gegen die Unsicherheit und die Bedrohung, die das erste Treffen ihrer Eltern nach sieben Jahren des Schweigens sowie die erste Begegnung der Familie mit mir für sie bedeuteten.

Die heiße Schokolade sollte in einer beunruhigenden und angespannten Situation so etwas wie Fürsorglichkeit vermitteln. Sie würden gemeinsam mit mir ein nährendes Getränk zu sich nehmen. Ich hoffte, dass das heiße Getränk auch Kristins Inneres erwärmen würde. Sie trank, ohne sich zu übergeben.

Wir setzten uns gemeinsam in den Kreis. Um mich herum saßen fünf hoch gewachsene Menschen. Die beiden Teenager waren größer als ihre Eltern, und der Jüngste war, wenn auch noch im Flegelalter, ebenfalls dabei, ihnen über den Kopf zu wachsen. Die Familie bestand aus Tone, der Mutter, die Anfang vierzig war, dem Vater Kristian, Ende vierzig, Kristin, der Ältesten, die siebzehn Jahre alt und wegen einer Bulimia nervosa[3] in ärztlicher Behandlung war, sowie ihren Brüdern Gard, fünfzehn, und Nils, zwölf.

In unserer Vorstellungsrunde erfuhr ich, dass Kristian in der Stadt eine eigene Firma leitete. Er hatte wieder geheiratet und lebte mit seiner neuen Frau und deren Tochter zusammen. Tone war Hausfrau und lebte mit ihren drei Kindern in einem kleinen Haus außerhalb der Stadt, in das sie gezogen war, nachdem Kristian sie verlassen hatte. Tone berichtete, dass Kristin wegen ihrer Essstörung zurzeit nicht zur Schule ging.

Kristian, ein groß gewachsener und gut gekleideter Mann, wirkte aufgekratzt und redete viel über dieses und jenes. Es war ihm offensichtlich wichtig, die Konversation in Gang zu halten, um die drückende Stimmung, die sich im Raum ausgebreitet hatte, zu bekämpfen.

Tone war eine hagere und feingliedrige Frau. Sie trug gewöhnliche Winterkleidung. Ich fand sie sehr attraktiv, obwohl sie erschöpft und traurig wirkte. Die letzten fünf, sechs Jahre habe sie unter Steifheit des ganzen Körpers gelitten, berichtete sie, doch die medizinischen Untersuchungen hätten keine organischen Befunde ergeben, die auf Rheuma oder eine andere Krankheit hindeuteten. Ihr Gesicht war ernst, sie saß reglos da und sprach nie unaufgefordert.

Auch die drei Kinder wirkten deutlich angespannt und warfen immer wieder schnelle Blicke zwischen ihren Eltern und ihren Geschwistern hin und her. Kristin hatte sich genau in die Mitte zwischen ihre beiden Eltern gesetzt. Nils hielt seine Mutter an der Hand und sah ständig zu ihr auf. Ich hatte den Eindruck, als würde er jede kleinste Bewegung von ihr aufmerksam wahrnehmen. Gard schien alle Anwesenden wachsam zu beobachten.

»Ich freue mich für Sie alle, dass Sie gemeinsam zu diesem ersten Treffen erschienen sind«, sagte ich und berichtete von meinem Telefongespräch mit Kristian. Ich sagte, dass ich von dem Bruch zwischen den Erwachsenen wüsste, und auch, dass sie sieben Jahre lang nicht miteinander gesprochen hätten. »Deshalb bin ich beeindruckt, dass Sie jetzt hier beisammen sitzen, im selben Raum!« Als ich das sagte, traten den Eltern und den beiden Jungen Tränen in die Augen. Kristin weinte nicht, sondern starrte in die Luft, als ginge sie das alles nichts an.

»Wir werden es so machen, dass alle erst einmal erzählen können, weshalb die Familie ihrer Meinung nach hierher gekommen ist«, sagte ich. »Alle werden für sich sprechen, und niemand braucht mit den anderen einig oder uneinig zu sein. Es ist nicht nötig, Partei zu ergreifen oder etwas zu kommentieren. Es soll mehr eine Gelegenheit sein, zusammen über verschiedene Dinge nachzudenken, die für einen oder mehrere von Ihnen von Bedeutung sind. Außerdem ist es wichtig, dass alle einander zuhören.«

Ich sagte auch, dass es ganz natürlich sei, wenn es in einer Familie, in der die Eltern seit langer Zeit nicht mehr miteinander gesprochen hätten[4] und alle Kinder Teenager oder Beinaheteenager seien, ganz unterschiedliche Sichtweisen gebe.

»So kann jeder Einblick in verschiedene Sichtweisen bekommen und die Situation so verstehen, wie sie sich für die anderen darstellt, ohne dabei den eigenen Standpunkt oder die eigenen Gefühle aufgeben zu müssen. Jeder von Ihnen hat seinen ganz eigenen Standpunkt. Deshalb können wir dieses erste Treffen als eine Art ›Anhörung‹ betrachten. Niemand wird gezwungen, etwas zu sagen, das er oder sie nicht berühren möchte. Es ist auch erlaubt, Bescheid zu sagen, wenn einem irgendetwas erschreckend vorkommt oder wenn jemand das Gefühl hat, dass es zu schwierig wird weiterzureden. Manchmal kann es hilfreich sein, für eine Weile den

Raum zu verlassen und dann eventuell wieder hereinzukommen. Ich habe einen Raum hier nebenan, wo man eine Pause machen kann. Ansonsten ist es mein Job, das Gespräch so zu steuern, dass es für niemanden gefährlich oder bedrohlich wird«, erklärte ich.

Ich würde mir Notizen machen, während die anderen sprachen, um etwas von dem, was in den Stunden gesagt werden würde, festzuhalten, damit wir die Themen eventuell in den nächsten Gesprächen wieder aufnehmen könnten. Sollte etwas auftauchen, das wichtig zu sein schien und aufgeschrieben werden sollte, konnten wir auch das Flipchart verwenden. Außerdem sollten alle ausreden dürfen, ohne unterbrochen zu werden. Wer sprach, war der »oberste Experte« oder die »oberste Expertin« für sein oder ihr eigenes Erleben, aber nicht für das der anderen.

Zuerst wollte ich gern von den Kindern hören, was sie so machten und welche Interessen sie hatten.

Die Gespräche beginnen

Kristin, die Älteste, begann als Erste zu sprechen. Sie wohne bei ihrer Mutter, sagte sie mit heiserer Stimme, und im Moment habe sie keine besonderen Interessen. Sie schniefte und entschuldigte sich, dass sie fast keine Stimme mehr habe.

Es entstand eine kleine Pause, dann sagte Kristian, dass seine Tochter in den ersten Jahren nach dem Bruch aus seinem Leben verschwunden sei, ihn aber in letzter Zeit wieder häufig besucht habe, manchmal mehrmals in der Woche. Sie verwende viel Zeit darauf, zwischen den Eltern hin und her zu pendeln, sagte er, während Kristin nickte und zu Boden sah. Sie fuhr fort zu erzählen: »Ich gehe nicht mehr in die Schule. Ich habe keine Kraft mehr dazu.«

»Wie fühlt es sich an, wenn man siebzehn ist, nicht in die

Schule geht und viel Zeit darauf verwendet, zwischen seiner Mutter und seinem Vater hin und her zu pendeln?«, fragte ich.

Kristin zuckte mit den Schultern und sagte, sie wisse nicht, was sie fühle: »Habe keine Gefühle.«

»Sie kann besser die Gefühle von anderen lesen als ihre eigenen«, erklärte Tone.

Kristin sagte mit flüsternder Stimme, dass sie gar nicht wissen wolle, was sie selbst fühle, denn das sei viel zu verwirrend. Sie zuckte wieder mit den Schultern, als sei es ihr gleichgültig. Ich hatte den Eindruck, dass es ihr sehr schlecht ging, gleichgültig wirkte sie allerdings nicht.

Es wurde still im Raum. Offensichtlich hatte Kristins Aussage, dass sie nichts fühle, auf die anderen Eindruck gemacht. Nils blickte zu seiner Mutter auf, die Tränen in den Augen hatte. Gard sah zu Boden. Kristian richtete sich auf seinem Stuhl auf und war den Tränen nahe. Mit dem Taschentuch, das er griffbereit in der Hand gehalten hatte, wischte er sich jetzt Schweißtropfen von der Stirn und Tränen aus den Augen. Gard nickte in Kristins Richtung und sagte: »Sie muss irgendwie immer aufpassen, dass alles gerecht zugeht. Sie weiß irgendwie alles, was bei beiden passiert.«

»Bei beiden?«, hakte ich nach.

»Ja, bei den beiden«, antwortete Gard und nickte zu seinen Eltern, die links und rechts von Kristin saßen.

»Ja, sie ist wachsam und achtet sehr auf ihre Worte, damit nicht der eine oder die andere sich ungerecht behandelt fühlt«, fügte Tone hinzu.

»Ich bin immer an beiden Orten, ich muss zwischen ihnen hin und her pendeln, die ganze Zeit. Das ist alles, was ich tue«, sagte Kristin.

Ich sagte, es sähe so aus, als würde sich Kristin sehr um ihre Eltern kümmern.

»Ja, sie ist sozusagen diejenige, die eine unsichtbare Brücke zwischen uns bildet, und manchmal erzählt sie ein bisschen…

von der anderen Seite … aber sie passt genau auf, was sie hier erzählt … oder da«, sagte die Mutter.

Ich sagte an Kristin gewandt, das höre sich fast so an, als habe sie die Aufgabe übernommen, alle Informationen im Haus der Mutter und im Haus des Vaters zu sortieren. Und als passe sie auf, was die unsichtbare Brücke zwischen ihnen überschreite, in die eine oder in die andere Richtung.

Sowohl Kristian als auch Tone nickten und sahen zaghaft zueinander hinüber, wie zur Bestätigung, dass die Beschreibung für sie beide zutreffend war. Sie gaben einander zu erkennen, dass sie um dieses Muster wussten, und ich dachte, dass sie sich in diesem Moment wie zwei Eltern mit einer gemeinsamen Verantwortung benahmen. Kristin hatte mitbekommen, dass ihre Eltern gleichzeitig genickt hatten, obwohl ihr Blick auf den Boden gerichtet war, doch sie sagte nichts. Sie zögerte, als wolle sie den kleinen Augenblick ausdehnen.

»Ich frage mich, was passieren würde, wenn Kristin nicht darauf achten würde?«, sagte ich. Gard schüttelte den Kopf und lächelte verschmitzt, sagte aber nichts. Er begegnete Nils' Lächeln, und die beiden teilten offenbar etwas miteinander, in das die anderen keinen Einblick hatten. Die Erwachsenen saßen schweigend da. Kristin sah auf den Boden und reagierte nicht auf die Frage. Es hing eine ernste und wortlos gespannte Stimmung im Raum. Möglicherweise lag sogar etwas Neues in der Luft. Die Frage hatte einen Bruch mit einer unguten Tradition angedeutet und vielleicht ja auch nahe gelegt, dass in Zukunft irgendetwas anders laufen könnte.

Ich fragte die Kinder, wer zu den beiden Familien gehöre. Nils erzählte, im Haus der Mutter lebten Mama und er selbst und Kristin und Gard. Im Haus des Vaters lebten Papa und die »neue Frau« und Sofie, die ein Jahr jünger war als Kristin. Sofie sei die Tochter »der Frau«, fügte Gard hinzu. Kristin sah zaghaft zu ihrer Mutter hinüber, und ich hatte den Eindruck, dass sie die Mutter davor schützen musste, etwas von »der Frau« zu hören. Hier wurde das Wort nun laut ausgesprochen, und das konnte bedeuten, dass die Hülle des Schweigens um sie herum nicht mehr standhielt. Tone saß da wie eine Statue, und ich fragte mich, ob sie es überhaupt gehört hatte.

»Die Frau«, sagte Nils, »ist irgendwie diejenige, die da alles bestimmt. Ja, und diese Sofie... aber... sie ist schon auch okay, irgendwie... manchmal.«

Er sah vorsichtig zur Mutter auf, und mir schien, als wollte er überprüfen, ob es »erlaubt« sei zu sagen, dass Sofie auch manchmal okay sei.

»Die Frau passt immer auf, was wir sagen«, sagte Kristin.

»Und Kristin passt auf alles auf, was wir sagen, und bestimmt, was wir Mama weitersagen dürfen«, fügte Nils hinzu. Die Mutter, die bisher steif und äußerlich unbeteiligt dagesessen hatte, meinte nun, dass es offenbar mittlerweile hier wie dort eine Art Zensur gebe. Das Thema schien ihr durchaus vertraut zu sein.

Ich wandte mich an die beiden Erwachsenen und fragte, woher es wohl komme, dass es »hier wie dort« eine Zensur gebe. Tone antwortete prompt, das habe wohl etwas mit der Scheidung zu tun. Der Vater fügte hinzu: »Kristin ist ja diejenige, die fast besessen davon ist aufzupassen, dass nichts Gefährliches rauskommt.«

»So, wie Sie es erzählen, sehe ich ein Bild von Ihrer Situation vor mir, das ich gern mit Ihnen und euch teilen möchte: Ich frage mich, ob sich Kristin immer noch auf der unsichtbaren Brücke befindet, in einer Art Pendelverkehr von der einen zur anderen Seite, und auf jeder Seite ist ein Minenfeld, für das sie ein ganz besonderes Gespür entwickelt hat. Der Sprengstoff, der nicht direkt zu sehen ist, liegt vielleicht da, auf jeder Seite der Brücke, und führt dazu, dass sie auf der Hut sein muss, um sich selbst und die anderen vor einer Explosion zu schützen.«

Es trat Stille ein. Die Kinder sahen zu Boden. Die Erwachsenen trockneten ihre Tränen.

»Könnte es sein, dass Kristin auf diese Weise aufpasst, wie es den Erwachsenen geht, und dafür sorgt, dass ihnen Belastungen erspart bleiben?«, fragte ich.

Gard und Nils nickten, beobachteten nun aber ebenfalls aufmerksam ihre Eltern.

Ich beschloss, das Thema im Moment nicht zu vertiefen, weil ich das Gefühl hatte, dass es dafür noch zu früh war. Dennoch schien es mir gut zu sein, dass es auf den Tisch gekommen war, sodass wir später darauf zurückgreifen konnten.

»Nils ist nur ganz selten bei mir gewesen… Er sitzt oft allein zu Hause«, erklärte Kristian und fuhr fort, es sei wichtig, dass Nils mehr ausgehe und an irgendwelchen Aktivitäten teilnehme. Er habe jetzt begriffen, dass er selbst aktiver werden müsse, damit sie einen besseren Kontakt zueinander aufbauen könnten.

Nils sagte, er möge »die Frau« nicht und wolle lieber zu Hause bei Mama sein. Er sah zu seiner Mutter auf.

»Sieh mich nicht so an, es ist deine Sache, ob du zu Papa willst oder nicht, das weißt du«, sagte Tone.

Nils sah traurig aus und warf jetzt seinem Vater einen verstohlenen Blick zu. Der Vater wirkte hilflos und sagte nichts mehr. Ich sprach an, dass Gard und Kristian wieder zueinander gefunden hätten, und fragte, ob das für Nils und seinen Papa eine Ermunterung sein könne, auch mehr zusammen zu sein. Besonders wo Nils ja selbst gehört habe, dass die Mama das für seine Sache halte? Das bedeute, dass seine Mutter ihn nicht daran hindern würde, mit seinem Vater Kontakt aufzunehmen, unterstrich ich noch einmal. Tone nickte, und Kristians Gesichtsausdruck wurde milder. Er sagte, er habe Angst gehabt, Nils zu bedrängen, und sei der Meinung gewesen, er sei noch so klein und dürfe nicht zu etwas gezwungen werden, das er nicht wolle.

»Manchmal verlieren Kinder nach einer Scheidung den Kontakt zu einem Elternteil, obwohl sie gern mit beiden zusammen sein möchten«, sagte ich. »Manche Kinder vermissen den abwesenden Elternteil, glauben aber, dass sie den anderen verletzen, wenn sie Kontakt zu ihm aufnehmen. So wie sich Ihre Situation anhört, habe ich den Eindruck, die Zeit ist reif dafür, dass Nils und Kristian alles tun, um den Kontakt zueinander wieder aufzubauen. Und«, fuhr ich fort, »es ist an den Eltern, dafür zu sorgen, dass ein Kontakt entsteht.«

»Kann ich mit ins Büro kommen und mir die Computer mal ansehen, Papa?«, fragte Nils. Kristian lächelte und sagte, das könnten sie am Mittwoch machen. Er brauche Hilfe von Nils, der als Computerexperte galt. Tone meinte, sie habe sich Nils gegenüber vielleicht nicht klar genug ausgedrückt, jedoch habe sein Vater sich auch nicht wirklich bemüht.

»Ich bin jetzt so weit, daran etwas zu ändern. Ich habe die Kinder vermisst«, sagte Kristian. Das Taschentuch kam wieder zum Vorschein, und er weinte.

Tones Geschichte

Eine Woche später trafen wir uns wieder, und ich war gespannt, was in der Zwischenzeit innerhalb der Familie geschehen war. Einleitend formulierte ich, dass sie ja beim letzten Mal schon viel erzählt hätten. Alle hätten sich beteiligt und gezeigt, dass sie gut zusammen sein und miteinander sprechen konnten. Nils nickte. Kristian erzählte, dass er und Nils einen Abend zusammen auf der Computermesse gewesen seien. »Das war echt cool«, sagte Nils. Er sah sehr zufrieden aus, und Tone meinte, er sei in dieser Woche froher und mitteilsamer gewesen. Kristin hörte zu und wirkte aufmerksamer als beim letzten Mal, verhielt sich aber still.

Ich wandte mich an die Eltern und bat sie zu erklären, was

der Grund dafür sei, dass sie zu mir gekommen waren. Kristian nickte zu Tone hinüber und meinte, dass sie vielleicht beginnen könne, denn sie habe den engeren Kontakt zu den Kindern.

Tone setzte sich vorsichtig gerade hin, und ihr Körper war sichtbar steif. Sie sprach mit leiser Stimme: »Die Familie hat viele Schmerzen erlitten«, sagte sie. Sie nickte zu Kristin rüber und sagte, sie seien in erster Linie ihretwegen gekommen, aber da sei auch noch vieles andere. Sie legte sich eine Hand auf die Brust und beugte sich ein wenig nach vorn, während sie sprach, als habe sie Schmerzen in der Brust. Ich fragte sie, ob ihr die Brust wehtäte.

»Ja und nein«, antwortete sie. »Ich bekomme körperliche Schmerzen, wenn ich sehe, was mit dem Mädchen passiert«, sie nickte zu Kristin rüber, »und es ist besonders schlimm zu sehen, dass ich bis jetzt nichts für sie habe tun können. Nichts hat geholfen.«

Ich fragte sie, wann das alles angefangen habe.

»An dem Abend, als er ging.« Tone nickte zu Kristian rüber. Sie holte ihr Taschentuch wieder hervor und trocknete ihre Tränen. »Ich bekam einen Schock und bin bis heute nicht aus dem Schockzustand herausgekommen«, sagte sie. »Ich hatte das Gefühl, als würde alles in mir aufhören, alles stand still, und ich habe die Fähigkeit verloren, irgendetwas zu fühlen. Ich habe sozusagen den Kontakt zu meinem eigenen Körper verloren.«

Es war ganz still im Raum, als sie fortfuhr: »Ich hatte Angst, mein Herz würde stehen bleiben. Ich war irgendwie betäubt und hatte Schwierigkeiten zu atmen.«

»Wissen die Kinder das alles?«, fragte ich, und Gard sagte, sie hätten es gewusst, aber nie darüber gesprochen. »Wir konnten es ihr ja ansehen«, sagte er. Kristin und Nils nickten. Ich fragte, ob es schwer für sie sei, dass Tone über diese Dinge sprach, die früher nie erwähnt worden waren und von denen sie dennoch gewusst hatten.

»Ich habe beschlossen, dass wir über all das sprechen müssen. Ich glaube jetzt, nach all diesen Jahren, und wenn ich sehe, wie schlecht es Kristin geht, dass wir offener reden und jegliche Zensur zu vermeiden versuchen müssen«, sagte Tone.

Kristian nickte: »Ja, aber das haben wir früher nicht hingekriegt.«

Ich fragte, ob Tone fortfahren wolle und ob sie glaube, dass die Kinder es ertragen könnten, noch mehr zu hören.

»Wir wissen ja schon alles, nur dass niemand es ausspricht«, sagte Nils.

Tone fuhr fort: »Ja, und ich werde versuchen, meinen Teil der Sache zu erklären, und da mag es einiges geben, wovon die Kinder noch nichts wissen.« Sie machte eine Pause. »Ich war irgendwie versteinert. Ich habe immer noch nicht das normale Gefühl wieder, eine eigenständige Person zu sein, so wie ich es einmal war.«

Nils griff nach der Hand seiner Mutter und beobachtete aufmerksam ihr Gesicht. Kristins Blick ging ins Leere, und sie schwieg. Als Älteste und einziges Mädchen besaß sie sicherlich am meisten stummes Wissen um die Ereignisse der Familie und war am meisten in das Erleben der Eltern, besonders der Mutter, hineingezogen worden. Sie war zum Zeitpunkt der Trennung in der Vorpubertät, also in der Übergangsphase zwischen Kindheit und Erwachsenenalter, wo die eigene Identität etwas sehr Fließendes sein kann und der junge Mensch sehr verletzbar und instabil ist.

Die Jungs sagten: »Sie sind irgendwie Freundinnen gewesen, das ist irgendwie ein bisschen bescheuert.«

»Kristin war also in gewisser Weise eine von den Erwachsenen?«, fragte ich.

»Ja, und das ist so blöd, weil sie irgendwie über uns anderen stand«, sagte Nils.[5]

Tone brachte ihren Schmerz mit dem schockartigen Erlebnis der Trennung von Kristian in Verbindung. Kristin habe am meisten darunter gelitten, zusammen mit ihr. Das Mädchen sei in ihre Verzweiflung mit hineingezogen worden. Das habe sie erst begriffen, als Kristin krank wurde. Im Nachhinein erkenne sie, dass Kristin sich nicht entwickeln und ihre eigenen Gefühle vielleicht gar nicht zum Ausdruck bringen könne.

»Ich weiß nicht, ob wir damals unterscheiden konnten, wer von uns wer war«, sagte Tone.

»Ich habe bemerkt, dass alle hier weinen mussten, als Kristin erzählt hat, dass sie gar nichts fühlt. Ich hatte den Eindruck, dass Kristin mit dieser Aussage in ihrer Familie eine Flut von Tränen ausgelöst hat«, sagte ich.

Die Jungs hörten aufmerksam zu und nickten. Kristian hatte das Taschentuch einsatzbereit in der Hand.

Ich sagte, dass Tone vielleicht Dinge zu erzählen habe, die für die anderen nützlich sein könnten, damit sie von jetzt an nicht mehr raten müssten, was in ihrer Mutter vorging. Tone erklärte daraufhin, sie habe die Kinder schonen wollen und deshalb nicht so viel über ihre Kindheit und ihr Problem, sich von dem zu befreien, was ihr damals geschehen war, erzählt. »Ich habe mich ganz einfach wertlos gefühlt, wie Unkraut, das eigentlich herausgerissen gehört.« Stille. »Aber jetzt sind die Kinder so groß, dass sie es verkraften, von der Kindheit ihrer Mutter zu hören und warum das vielleicht etwas mit meiner Reaktion auf die Trennung von Kristian zu tun hat, die mich völlig unvorbereitet traf.« Tone wischte sich ein paar Tränen ab. »Ich hatte keine Gefühle mehr, war betäubt. Habe nicht mehr gelebt, war einfach nur da.« Sie griff wieder nach dem Taschentuch. Ich dachte im Stillen, dass auch Kristin gesagt hatte, sie habe keine Gefühle mehr. Ich begann, eine Art Verstrickung zwischen den beiden Frauen zu ahnen, und fragte mich, ob Kristin vielleicht ihrer Mutter gegenüber ihre Loyalität demonstrierte, indem sie keine Gefühle mehr hatte.

Kristin hatte sich jetzt gerade hingesetzt und hörte aktiv zu, ganz im Gegensatz zu ihrer früheren, scheinbar unbeteiligten Haltung.

»Ich finde es sehr mutig von Tone, jetzt endlich ihrer Familie offen zu legen, was sie früher ganz allein getragen und mit niemandem geteilt hat«, sagte ich.

Kristin und Kristian nickten.

»Und vielleicht kann das ja dazu beitragen, das, was später geschehen ist – in der Familie, die Tone und Kristian gemeinsam gegründet haben – auf eine andere, neue Weise zu verstehen«, fügte ich hinzu.

Kristian nickte vorsichtig. Ich registrierte, dass er sich Tone gegenüber loyal zeigte, indem er sagte: »Sie hat mir sicher einiges erzählt, aber ich wusste auch, dass das alles sehr heikel war und sie ein Recht darauf hatte, es für sich zu behalten.«

Die Kinder hörten aufmerksam zu und sprachen kein Wort. Ich fragte, ob wir uns jetzt in einem Minenfeld befänden, wo man vorsichtig auftreten müsse? Gard erklärte »es sei besser, dass wir es wenigstens versuchen, als dass alles irgendwie so geheim sein soll, so furchtbar schrecklich irgendwie. Es ist besser, wenn wir hören, was los ist.«

»Und ihr könnt es ertragen?«, fragte ich. Sie nickten.

»Ja, ich bin offenbar wie eine Schranke, die verhindert, dass meine Kinder in ihrem Leben weiterkommen«, sagte Tone.

»Und was ist mit Ihrem eigenen Leben?«, fragte ich sie.

»Das habe ich mich auch schon gefragt.«

Kristin schaute zu ihrem Vater hinüber. Ich hatte den Eindruck, dass sie nach Zeichen dafür suchte, wie er es wohl aufnahm, wenn Tone sich neuen Lebensplänen zuwenden würde, die nichts mehr mit ihm zu tun hatten.

Tones Kindheit

Tone hatte ihre Kindheit lange Zeit am liebsten vergessen wollen. Außerdem handele ihre Geschichte von großem Elend, das stark mit Scham besetzt sei, erklärte sie. Kristian habe zwar Bruchstücke davon erfahren, aber nie die ganze Geschichte. Sie sei eine strenge Zensorin gewesen. »So gesehen haben die Kinder ihre Wachsamkeit wohl doch von jemandem geerbt«, fügte sie hinzu.

Kristin zwang sich ein Lächeln ab, das offenbar Loyalität mit der Mutter signalisierte. Doch dann sah sie zu Boden, vielleicht um zu verbergen, dass ihr die Tränen in die Augen traten.

Tone war in einer kleinen Küstenstadt aufgewachsen, die vor allem vom Fischfang lebte. Sie hatte noch einen Bruder, der viele Jahre älter war und zu dem sie wenig Kontakt hatte. Sie selbst war das Nesthäkchen. Ihre Familie war arm. Als Tone gerade vier Jahre alt geworden war, starb ihre Mutter. Sie konnte sich erinnern, dass die Mutter erschöpft und grau ausgesehen hatte und lange krank gewesen war. »Sie ist wohl an Lungenentzündung gestorben«, erzählte sie. Jedenfalls hatte man es ihr so erklärt. Sie wusste nicht genau, ob es stimmte, denn »es wurde so vieles erzählt, ohne dass es unbedingt wahr sein musste. Es wurde ein Deckel über Dinge gestülpt, die hätten gesagt werden sollen.« So etwas nannte man »weiße Lügen«. Etwas, das man nach außen hin sagte, wenn in der Familie etwas Beschämendes passiert war. Ich fragte sie, ob es in ihrer Familie etwas Beschämendes gäbe. Sie antwortete, sie habe sich immer dafür geschämt, dass ihre Familie so arm war. Das hatte sie niemandem erzählt, nachdem sie von zu Hause weggezogen war, um auf das Gymnasium zu gehen. Außerdem war es wohl so, dass ihr Vater zu viel getrunken und die Mutter manchmal bedroht hatte und gewalttätig geworden war. »Das hat mir so wehgetan … weil – meine Mutter war so lieb, und sie war sehr hübsch. Ich kann ihm nicht verzeihen, dass er sie so schlecht behandelt hat.« Tone erzählte weiter, ihr Vater habe seine Probleme und seine schlechte Laune immer an der Mutter ausgelassen. »Er hat sie geschlagen«, sagte sie. Ihre Hilflosigkeit, dass sie nichts tun konnte, um die Mutter zu beschützen, sei fürchterlich gewesen und habe sie betäubt.

Eines Nachts wurde die Mutter sehr krank, und man hat einen Arzt gerufen. Der Notarzthubschrauber konnte nicht landen. In der Dunkelheit und bei dem heftigen Sturm über dem Meer wäre es zu riskant gewesen. Am nächsten Tag erwachte Tone mit einem kalten Schockgefühl. »Die Mutter war weg.«

Immer wenn der Vater auf See war, hatte sie bei der Mutter geschlafen. Als die Mutter nicht mehr da war, bekam sie große Angst und Schlafprobleme. Von dem Tag an, sagte Tone, habe sie eine furchtbare Kindheit gehabt. Sie und ihr Bruder waren in die Obhut der Familie des Vaters gegeben worden. »Wir waren fast wie Leiharbeiter und gingen von einer Familie zur anderen, mehrere Jahre lang«, berichtete sie. Ihr Vater arbeitete als Bauarbeiter, wenn es mit der Fischerei schlecht lief, und war immer für lange Zeit nicht da. Die Familien, die die Kinder aufnahmen, kümmerten sich nicht um sie. Man habe sie als eine Last empfunden, meinte Tone.

Nach dem Tod der Mutter hatte sich Tone ihre ganze Kindheit über niemandem mehr nahe gefühlt. Indem sie sich an keinen Menschen band, hielt sie den engen Kontakt zu ihrer Mutter aufrecht. Es vermittelte ihr ein starkes Identitätsgefühl, die einzige Tochter ihrer verstorbenen Mutter zu sein. Das wollte sie sich bewahren. Sie ließ niemanden so leicht an sich heran. Vorgetäuschte Zuwendung hatte sie von all den Menschen, von denen sie und ihr Bruder aufgenommen worden waren, genug bekommen. Sie war skeptisch gegenüber jedem Zeichen der Sympathie. Indem sie andere abwies, hatte sie das Gefühl, ihrer Mutter treu zu sein. Niemand konnte es ihr nehmen, dass sie einzigartig war, die einzige Tochter ihrer Mutter.

Ein ungeliebtes Kind

Tone war eine gute Schülerin. In der Oberstufe des Gymnasiums lernte sie Kristian kennen, der aus einer wohlhabenden Familie kam. Die intelligente, hübsche junge Frau wurde in ihrer Schwiegerfamilie gut aufgenommen, als sich herausstellte, dass sie schwanger war. Tone band sich eng an Kristian und hatte zum ersten Mal in ihrem Leben das Gefühl, eine richtige Familie zu haben. Sie dachte, dass ihre Mutter sich darüber gefreut hätte, ihre Tochter so zu sehen, gut verheiratet, in einer »besseren« Familie, als sie es sich jemals hätte träumen lassen. Kristians Familienangehörige waren auch nett zu ihr. Es gab wenig Reibereien, und die Scham, die sie in der kleinen Gemeinde, aus der sie kam, empfunden hatte, war nun fast vergessen. In ihrer neuen Umgebung wurde sie als hübsch und tüchtig wahrgenommen.

Kristians Mutter starb kurz nach der Geburt von Kristin. Das war ein erneuter Schock für Tone. Eine Weile war ihre Schwiegermutter fast wie eine eigene Mutter für sie gewesen, und sie empfand bodenlose Trauer. Wieder spürte sie den furchtbaren Verlust, den sie als kleines Mädchen erlebt hatte, als ihre eigene Mutter sie verließ. Nun hatte sie zwei Mütter verloren und wurde sehr depressiv. Heute hatte sie kaum noch Erinnerungen an diese Zeit.

Dennoch gab Tone alles, um selbst eine gute Mutter zu sein. Sie wachte über ihre Kinder, besonders über Kristin. Manchmal, meinte sie, habe sie vielleicht zu viel von sich selbst in das Kind hineinprojiziert. Ich fragte sie, wie sich das geäußert habe, und sie erklärte: »Manchmal habe ich mich selbst dabei erwischt, Kristin mit mir selbst zu vermischen. Ich hatte das Gefühl, dass wir beide in jeder Hinsicht gleich waren. Wir hätten Zwillingsschwestern sein können, wenn wir zur gleichen Zeit geboren worden wären.«

So fühlte sich Tone manchmal bedroht und gekränkt, wenn ihre Tochter zum Beispiel mit Noten nach Hause kam, die »besser hätten sein können«. Tone spiegelte sich selbst in dem Kind, und das Kind wurde zu einer Art Dienerin der Wünsche und Phantasien ihrer Mutter. Tone setzte alles daran, hübsche, wohlerzogene und tüchtige Kinder heranzuziehen. Sie war ehrgeizig für ihre Kinder und für die Familie. Ihrer eigenen Einschätzung nach hätte sie selbst sehr erfolgreich sein können, wenn sie die gleichen Chancen gehabt hätte wie ihre Kinder heute. Das habe sie ihnen nicht gesagt, weil sie sie nicht unter Druck setzen wollte, doch sie meinte, die Kinder hätten es vielleicht gespürt. Ihr Wert würde schließlich davon abhängig, wie erfolgreich sie waren. Damit gerieten sie in eine Situation, die Tones eigener Kindheitserfahrung ähnelte, der zufolge diejenigen am meisten wert waren, die nach außen hin Erfolg vorweisen konnten. Wenn dies ihren Kindern nicht gelingen würde, konnte das schnell bedeuten, dass sie als Mensch oder als Mutter versagt hatte.

Tone hatte das Gefühl, dass ihre ersten Ehejahre mit Kristian glücklich waren. Er habe ihr zugehört, und sie habe sich gut umsorgt und versorgt gefühlt. Zwar sei ihr manchmal durchaus der Gedanke gekommen, er könne sich möglicherweise von ihr manipuliert fühlen, doch Kristian war kein Mensch, der gern über Probleme sprach. Er kam schließlich, im Gegensatz zu ihr, aus einer guten Familie, und deshalb wollte sie in ihrer Beziehung keine unangenehmen Themen aufkommen lassen. Tone war ganz darauf eingestellt, ein perfektes Heim zu schaffen, an dem niemand etwas würde kritisieren können. Kristian war weniger an der Fassade interessiert gewesen, doch Tone war oft verzweifelt, wenn Besuch kam und nicht alles in Ordnung war.

Nach dem Verlust der Schwiegermutter fühlte Tone sich ihrer verstorbenen Mutter immer näher. Manchmal hatte sie das Gefühl, ihre Mutter wäre bei ihr und sähe sie, in ihrer guten Ehe, als Frau mit einer respektablen gesellschaftlichen Position. »Das war für mich wie ein Pflaster auf der Wunde, nachdem wir einander verloren hatten«, sagte Tone. »Das perfekte Glück wurde wie ein Pakt zwischen Mutter und mir«, fuhr sie mit lauter Stimme fort, »der mich durch mein Leben begleiten würde.«

Tone und Kristian bekamen drei Kinder. Tones Vater starb früh, kurz nachdem Gard geboren war – an Altersschwäche, meinte Tone. Sie hatte wenig Kontakt zu ihm gehabt, nachdem sie von zu Hause ausgezogen war. Einige Jahre nachdem Nils geboren war, starb auch Kristians Vater. Die Familie, die eine geschlossene Einheit gebildet und sich nie besonders darum gekümmert hatte, einen Freundeskreis aufzubauen, wurde nun ziemlich einsam. »Ich habe mit einer gewissen Erleichterung gedacht, dass wir jetzt wirklich an der Reihe seien. Wir würden einander niemals enttäuschen oder Konflikte in die Beziehung bringen. Nichts sollte jemals zwischen uns treten.«

Kristian trauerte sehr über den Verlust seines Vaters. Tone meinte, er sei in eine Depression verfallen, aus der er irgendwie nicht wieder ganz herausgekommen sei. »Er lächelte nie mehr«, sagte sie, »und er wurde immer stummer.« Der Verlust seines Vaters sei ein viel größerer psychischer Schock für ihn gewesen, als ihm bewusst war, warf Kristian ein. Tone hatte versucht, ihn zum Sprechen zu bewegen, doch es war ihr nicht gelungen. Er blieb traurig und abwesend.

Frost

An einem frostigen Herbstabend war Kristian nach Hause gekommen und hatte einen Koffer mit Kleidung voll gepackt. Auf Tones Frage, wohin er wolle, hatte er gesagt, er wolle gehen. Er habe eine andere Frau kennen gelernt. Das waren die letzten Worte, die Tone von Kristian gehört hatte. Er war nicht mehr zurückgekommen, und Tone hatte das Gefühl, ihre Welt höre auf zu existieren.

Sie fuhr fort zu leben, zusammen mit den Kindern, fühlte sich aber ansonsten wie tot, physisch und psychisch. In ihrem früher gesunden und aktiven Körper breitete sich ein Taubheitsgefühl aus, das später zu einem Steifheitsgefühl wurde und sich nicht auflösen ließ. Sie hatte das Gefühl, außerhalb ihrer selbst zu stehen und ihren eigenen Körper zu betrachten, der langsam gefror, als sei sie selbst Teil der steif gefrorenen Oberfläche aus dunkler Erde, die sie umgab. Sie konnte nicht mehr zwischen sich und ihrer Umgebung unterscheiden[6], fühlte sich ausgelöscht. Sie wurde eins mit der Kälte; wie damals, als sie vier Jahre alt war und ihre Mutter starb. Dieses Mal dauerte es sehr lange, bis das Gefühl sie wieder losließ. Ich fragte, ob es falsch sei, diesen Zustand als »Frost« zu bezeichnen. Das gefiel ihr. »Das ist ein gutes Bild für meinen damaligen Zustand.« Die Bezeichnung legte auch nahe, über das Auftauen zu sprechen oder über ein Aufweichen der steif gefrorenen Oberfläche, die sie bis jetzt daran gehindert hatte, Kontakt zu anderen aufzunehmen.

Kristin hatte wie eine Statue dagesessen, während ihre Mutter sprach. Die Geschichte beeindruckte sie offensichtlich sehr. Ich hatte das Gefühl, dass der Prozess des »Auftauens« auch für sie von Bedeutung war.

»Kann die Zeit einige der Wunden heilen?«, fragte ich. War die Familie jetzt an einem Punkt in ihrer Geschichte angelangt, wo es Platz und Verständnis für ein Aufweichen der eingefrorenen Situation gab?

Nachdem sie eine Weile nachgedacht hatte, sagte Tone, dass sie vielleicht jetzt so weit wären, allerdings könne sie nur für sich selbst sprechen. Dass die Familie jetzt hier zusammensaß und wichtige Dinge gesagt wurden, die vorher unaussprechlich waren, könne darauf hindeuten, sagte sie mit leiser Stimme. Aber sie würde gern wieder lächeln können. »Ich glaube, mein Gesicht hat vergessen, wie es ein Lächeln hinkriegt«, sagte sie.

»Ich weiß, wie, du kannst es von mir lernen!«, sagte Nils. Da lächelte Tone ihren Sohn tatsächlich an. Ich nahm wahr, dass alle das Lächeln sahen und spürten, wie gut es tat, keiner jedoch kommentierte es. Niemand sollte sein Gesicht verlieren.

Kristians Geschichte

Beim nächsten Mal war Kristian an der Reihe, seine Version der Geschichte zu erzählen. Er berichtete, er sei als Erwachsener sehr eng mit seinem Vater verbunden gewesen. »Als Kind habe ich mehr Kontakt zu meiner Mutter gehabt, aber nachdem ich in den Familienbetrieb aufgenommen worden war, sind mein Vater und ich fast voneinander abhängig geworden. Wir haben eine ganz außergewöhnliche Vertrautheit entwickelt und den Betrieb sehr erfolgreich gemeinsam geleitet.« Kristian hatte sich von seinem Vater, den er als »sozial umgänglicher« beschrieb als sich selbst, sehr unterstützt gefühlt. Nach dem Tod seines Vaters habe er Angst bekommen, den Betrieb eventuell nicht allein weiter leiten zu können. »Ich habe Vaters Tod nicht besonders gut verkraftet«, sagte Kristian. »Der Verlust hat etwas mit mir gemacht, das ich nicht erklären kann, immer noch nicht, obwohl es jetzt viele Jahre her ist. Ich war plötzlich so schrecklich einsam.«

Kristian hatte sich allein gefühlt, ein Empfinden, das er aus seiner Kindheit kannte. »Aus diesem Gefühl heraus habe ich Tone plötzlich als Fremde wahrgenommen, als jemanden, den ich eigentlich nicht kannte und den ich unmöglich noch erreichen konnte«, fuhr er fort. »So wie Tone sich entwickelt hatte, war sie ganz anders als die Frau, die ich einst kennen gelernt hatte. Ich konnte nicht mehr im selben Raum mit ihr sein. Sie war auch völlig allein. In ihrem Perfektionismus war sie nicht erreichbar für mich und meine ganz alltäglichen Trivialitäten und Bedürfnisse.« Stille. »Das war wohl zu der Zeit, als Tone mehr mit dem Kontakt zu ihrer toten Mutter beschäftigt war«, schlussfolgerte Kristian.

Er machte eine kleine Pause, räusperte sich, wischte sich die Tränen ab, setzte sich gerade hin und fuhr fort: »Ich fühlte mich vereinnahmt von Regeln und vorgefertigten Meinungen, was sich gehöre und was ihrer Meinung nach Außenstehenden imponiere. Sie hat unsere Familie zu etwas gemacht, das wir nicht waren. Das ging auf Kosten unseres Selbstbildes, wir wussten irgendwie nicht mehr, ob das, was wir fühlten, angemessen war, oder ob wir etwas denken durften, ohne dass Tone die Kontrolle darüber hatte.«

»Wenn Sie ›wir‹ sagen, wen meinen Sie dann damit?«, fragte ich.

»Mich selbst und die Kinder.«

»Sie meinen also, dass die Kinder es auch so empfunden haben?«

Er änderte seine Sitzhaltung, wandte sich etwas von Tone ab und sagte: »Das ist wohl ein bisschen das, was Kristin meinte, als sie in der ersten Stunde gesagt hat, sie habe keine eigenen Gefühle, sie wisse nicht, was ihre Gefühle sind. Ich glaube, dass auch die Kinder in Tones Vorstellungen gefangen waren. Besonders Kristin, als Mädchen und als Älteste.«

Gard nickte. Nils sah zu seiner Mutter auf. Kristin schwieg.

Ich sagte, wir würden auf das Thema der eigenen Gefühle noch zurückkommen, da es in der Familie offenbar von großer Bedeutung sei. Doch zunächst sollten wir hören, was Kristian noch zu erzählen habe.

Perfektion

»Tones Besessenheit, dass alles perfekt und schön sein muss, hat mich erstickt«, fuhr Kristian fort. »Ich hatte kein Zuhause mehr, wo ich nur ich selbst sein konnte. An dem Abend, als ich gegangen bin, hatte ich das Gefühl, mich durch eine Mauer aus unausgesprochenen Regeln, von denen viele mit sozialem Status zu tun hatten, hindurchzusprengen. Ich musste alle meine Kräfte mobilisieren, psychisch und physisch, um aus diesem verschlossenen Haus rauszukommen. Ich habe dort keine Luft mehr gekriegt.«

Daraufhin blieb es eine ganze Weile still. Schließlich fragte ich Kristian, ob er eine Idee habe, wie Tones Besessenheit, dass alles perfekt sein muss, zu verstehen sei.

»Kann sein, dass das hier sehr heikel ist, aber wenn ich nun schon so viel gesagt habe, dann kann ich das wohl auch noch sagen. Ich glaube, es kommt daher, dass Tone große Angst hatte, nicht gut genug zu sein und sich anmerken zu lassen, dass sie, wie sie es selbst sagt, aus armen Verhältnissen kommt.«

Tone sah ins Leere und nickte bestätigend, ohne dabei jemanden anzusehen. Die Kinder lauschten sehr aufmerksam.

»Alles sollte perfekt sein, und es gab so wenig Raum, um sich zusammen zu entspannen«, fuhr Kristian fort. »Jeden Tag mussten wir einer festgelegten Routine folgen. Ich habe Tone ja immer noch geliebt, aber ich musste einsehen, dass ich sie nicht mehr erreichen konnte, dass ich sie verloren hatte. Ich hatte eine Höllenangst davor, die Kinder zu verlassen, aber ich sah keinen anderen Ausweg mehr. Ich war in einem so genannten ›Zuhause‹ gefangen, wo wir nicht miteinander reden konnten. Tone lebte, so empfand ich es, in einer idyllischen und alles beherrschenden Phantasiewelt, in die niemand sonst Einblick hatte.«

Er sah erschrocken zu Tone, als habe er jetzt etwas Furchtbares gesagt. Tone saß wie eine Statue da, verzog keine Miene und hörte offensichtlich genau zu. Tränen liefen über ihre Wangen. Sie wischte sie nicht weg. Ich fragte, ob ich noch mehr Taschentücher holen sollte. »Ich lass das Weinen jetzt einfach mal zu.« Tone holte tief Luft und weinte weiter und schluchzte ab und zu auf.

»Das muss erlaubt sein«, sagte ich und wandte mich an die Kinder. Sie begriffen sofort, dass ich sie fragen wollte, ob ihnen das zu viel würde. Gard kam mir zuvor, indem er sagte: »Nein. Wir wissen ja, dass sie weinen muss, manchmal auch zu Hause, aber sie darf irgendwie nicht.« Es entstand eine Pause. Gards regelmäßig geschnittenes, jugendliches Gesicht wirkte jetzt angespannt, und seine Augen bekamen einen traurigen Ausdruck.

»Alles soll irgendwie so richtig sein«, sagte Kristin. »Nichts darf sein, wie es ist. Das ist irgendwie falsch.« Sie sah ihre Mutter forschend an und stieß dann mit Verzweiflung in der Stimme hervor: »Mama, jetzt kriegst du Tränenflecken auf der Hose!« Offenbar hatte sie Angst, dass ihre Mutter das nicht ertragen würde. Nils nickte und sah ebenfalls verzweifelt aus. Ich fragte, ob das etwas sei, das verhindert oder korrigiert werden müsse. Kristin sah mich ratlos an, dachte kurz nach, schüttelte dann den Kopf und sagte: »Es ist okay. Lass sie laufen.« Tone weinte. Es war still im Raum. Dann nahm sie liebevoll Nils' Hand und sagte, es sei gut, dass sie ein wenig auftaue, das sei nicht schlimm. Ich bot ihnen allen Wasser an, und wir machten eine Pause, auch um Tone Zeit zu geben, sich auszuweinen.

»Heute passiert hier sehr viel«, sagte ich. »Es kommen wichtige Dinge zur Sprache, die auch verletzend sein können und Tränen hervorbringen und Flecken auf schönen Kleidern machen.«

»Diesmal ist es nicht meine Aufgabe, das zu lösen«, sagte Kristin.

»Nein«, sagte Tone, »ich weine, weil ich muss, und es ist mir egal, ob es Flecken auf der Hose gibt.«

»Das klingt, als wolle sie ihre Gefühle wieder zu sich nehmen und die Zensur nicht anderen überlassen«, sagte ich zu den anderen. »Sie gibt sich selbst Raum, um ein bisschen zu kleckern. Ist das nicht gut? Vielleicht ist es nicht mehr so unerträglich, wenn Flecken auf die schönen Sachen kommen?«

Kristian saß sehr still da und überließ die wenigen Worte, die gesagt wurden, den Kindern und mir.

»Sie sind jetzt als Familie noch einen Schritt weitergekommen und versuchen, direkter miteinander umzugehen und einander zu zeigen, was zwischen Ihnen und in jedem Einzelnen abläuft.«

»Ich glaube, das ist das erste Mal, dass Kristian mir eine Erklärung gegeben hat, und es war an der Zeit«, sagte Tone. Sie bezog sich auf ihre dramatische Trennung, die nun sieben Jahre zurücklag. Kristian nickte. Ich wandte mich an Kristian und fragte, woran es gelegen haben könne, dass er so lange Zeit nicht mit Tone hatte sprechen wollen, um ihr zu erklären, was geschehen war.

»Ich konnte einfach nicht«, sagte Kristian, nahm sein Taschentuch und fuhr fort: »Ich wusste, dass Tone es nicht ertragen würde, aber ich habe es nicht ausgehalten, sie unglücklich zu sehen. Ich wusste, dass sie sehr heftig reagieren würde.« Er habe Angst gehabt, sie würde zusammenbrechen. »Ich habe den feigen Weg gewählt… hatte in der Situation, in der ich selbst war, keinen Mut, mit ihr zu sprechen. Ich musste einfach ausbrechen.«

Kristian hatte dann Vibeke, »die Frau«, wie die Kinder sie nannten, kennen gelernt und auch geheiratet. Er bestand aber darauf, dass sie zum Zeitpunkt der Trennung nur eine Gesprächspartnerin für ihn gewesen sei. »Sie kam als Bürogehilfin in unsere Firma, und sie war jemand, mit dem ich reden konnte«, fuhr Kristian fort.

Ich fragte, ob sie seine neue Vertraute geworden sei, nachdem sein Vater nicht mehr da war. »Das kann gut sein«, antwortete Kristian. »Ich habe verzweifelt nach jemandem gesucht, mit dem ich reden konnte. Sie war da, und sie hat mir zugehört.«

Ich fragte ihn, ob er an dem Abend, als er ging, tatsächlich zu Tone gesagt habe, er habe eine andere Frau kennen gelernt.

»Das stimmt, das habe ich gesagt ... weil es das Einzige war, was ich sagen konnte, damit sie begriff, dass ich es ernst meinte«, bestätigte Kristian. Tone hatte aufgehört zu weinen. Sie hörte aufmerksam zu. Die Kinder ebenso. Ich dachte im Stillen, dass die Sache mit der neuen Frau vielleicht das empfindlichste Thema war. Kristian sah erschrocken aus, als sei dies etwas, worüber er im Beisein von Tone nicht hatte sprechen wollen.

»Es ist an der Zeit, dass ich erfahre, was mit Kristian geschehen ist. Das hilft auch mir, die Geschichte hinter mir zu lassen«, sagte Tone.

»Ist der Schmerz, den die ganze Familie heute zum Ausdruck bringt, genauso heftig wie damals zum Zeitpunkt der Trennung?«, fragte ich die Kinder.

Sie zögerten ein wenig, nickten aber. »Wir konnten da nicht rangehen, weil wir ja nicht wussten, wie es passiert war und warum!«, sagte Gard. Kristin fügte hinzu: »Wir konnten ja über gar nichts reden. Wir Kinder saßen irgendwie total zwischen den Stühlen. Wir konnten nicht zur einen oder zur anderen Seite gehen und nicht vor und nicht zurück.«

Ich fragte weiter: »Und ihr habt keine Erklärung bekommen?

Wenn ihr damals die Erklärung gehört hättet, die euer Vater heute gegeben hat, wäre die schwer zu schlucken gewesen?«

Kristin sah mich an und fragte nachdenklich: »Meinen Sie mich, wenn Sie sagen: ›schwer zu schlucken‹? Dass es mir vielleicht schwer gefallen ist, das Ganze zu schlucken und das, was passiert ist, an mich ranzulassen?«

»Ja vielleicht. Ich kann mir gut vorstellen, dass die ganze Situation schwer zu schlucken war«, sagte ich. Das weckte deutlich Kristins Interesse, und sie fuhr fort: »Meinen Sie, das, worüber wir jetzt reden, hat was mit mir zu tun, dass ich mich übergebe und so?«

»Ich kann es nicht sicher sagen, aber ich denke, dass es ja auch eine Lösung sein kann, wenn man zwischen den Stühlen sitzt, etwas von der einen Seite zu schlucken und es wieder auszuspucken und dann etwas von der anderen Seite zu schlucken, um es auch wieder auszuspucken – so kann man doch lange etwas aufrechterhalten, von dem man nicht weiß, was man damit machen soll, oder? Man kann ja auch nicht wirklich eine Meinung zu etwas haben und über etwas reden, wenn man nie etwas darüber erfahren hat. Vor allem, wenn es mit der Zeit zum Tabu geworden ist.«

Kristin dachte nach. Tone warf ein, sie sehe das ganz klar so. Sie habe ja selbst darunter gelitten, dass sie ganz einfach nicht verstehen konnte, was mit Kristian passiert war. »Ich hätte ja auch versuchen können, Kontakt zu ihm aufzunehmen, aber da er gesagt hatte, es gebe da eine andere Frau, habe ich es nicht über mich gebracht. Er hatte gerade genug gesagt, um mich auf Abstand zu halten.«

Wir sprachen über die sieben Jahre nach der Trennung. Die ganze Familie meinte, dass jetzt alles anders sei, distanzierter, weil jetzt vieles gesagt worden sei. Das mache einen großen Unterschied, meinte Gard. Tone fügte hinzu: »Und das bedeutet, dass wir jetzt weiterkommen, auch wenn noch viele Tränen fließen werden, bevor sich alles beruhigt.«

»Es wird schon leicht mal etwas nass, wenn der Frost taut«, bemerkte ich und gab ihnen auch zu verstehen, wie beeindruckt ich war von den Fähigkeiten jedes Einzelnen in dieser Familie, einander zuzuhören, nach so einer langen Zeit des Schweigens.

Kristin sagte: »Ja, das können wir, schließlich waren wir Experten darin, Stimmungen zu lesen, ohne dass etwas gesagt wurde.«

Ich fragte: »Ist das, was ihr am Anfang unserer Gespräche aufeinander aufpassen und einander zensieren genannt habt, jetzt weniger geworden?«

Die Kinder nickten. »Was hier jetzt neu ist, das ist, dass wir auch reden und dass jetzt was von dem rauskommt, was uns früher gefährlich erschienen ist, und dann wird es irgendwie ungefährlich«, sagte Kristin. Ich sagte, ich fände es gut, dass es in dieser Familie nicht gefährlich sei, zu reden und nach Worten zu suchen, um das, was war, und das, was jetzt geschah, miteinander in Verbindung zu bringen. Jetzt nickten Tone und Kristian. Die gesamte Stimmung erschien mir lockerer und entspannter als zuvor.

Kristins Geschichte

Kristins Geschichte erstreckte sich über mehrere Stunden. Manchmal kam sie allein, manchmal war die ganze Familie beisammen. Ich empfand ihren Zustand als ernst, doch als sie zu sprechen begann, zeigte sie eine enorme Einsicht und ein beeindruckendes Wissen über ihren eigenen Zustand. Ihre Schilderungen waren so eindrucksvoll, dass ich beschloss, sie fast ohne Unterbrechung sprechen zu lassen. Auf eigentümliche Weise hatte ich den Eindruck, dass ihre Bulimie im Laufe der Gespräche langsam in Sprache umgewandelt wurde. Vieles von dem, was sie sagte, war in der Vergangenheitsform formuliert, als handele es sich um überwundene Stadien ihrer persönlichen Entwicklung.

Ich stellte Kristin zunächst dieselbe Frage wie den anderen: »Was ist deiner Meinung nach der Grund dafür, dass ihr alle hier seid?«

Sie sagte sofort, dass sie so schrecklich darunter gelitten habe, dass ihr Vater die Mutter verlassen hatte.

»Mama war irgendwie ganz leblos, und ich hatte Angst, dass wir sie verlieren könnten. Ich wusste ja, dass Mama als kleines Mädchen ihre Mutter verloren hatte«, flüsterte Kristin. »Mamas Leben verlor allen Sinn. Ich konnte es in ihren Augen sehen, dass sie völlig zerstört war, trotzdem hat sie nicht geklagt und sie hat nichts gesagt. Ich wollte nur lieb zu ihr sein, und manchmal konnte ich nicht zwischen meinen und ihren Gefühlen und Wünschen und Bedürfnissen unterscheiden. Wir Kinder wussten ganz einfach, wie verzweifelt sie war, aber wir haben uns nicht getraut, es laut zu sagen. Wir haben uns im Schweigen zusammengetan, und das war eigentlich das erste Stadium der Tyrannei, von dem wir hier mal gesprochen haben. Ich habe mich immer schuldiger gefühlt. Vielleicht war ich ja schuld an dem, was passiert war? Ich wollte mich selbst bestrafen, und ich wollte mir selbst nichts gönnen. Also habe ich aufgehört zu essen. Ich wollte nicht fordernd sein wie ein Vogeljunges, das den Schnabel aufsperrt und alles verschluckt, was ihm in den Weg kommt. Nein, ich wollte verschwinden. Ich war nichts wert. Genau wie Mama, als sie klein war. Sie hat auch ihre Mutter verloren, wie wir. Nur dass unsere Mutter da war. Aber sie war nicht lebendig. Ich wollte auch tot sein, mich neben Mama legen und sterben.

Gleichzeitig hatte ich noch einen Funken von eigenem Willen. Niemand sollte mich mit ekligem Essen voll stopfen. Ich wollte selbst bestimmen, wollte nicht vereinnahmt werden. Ich war eine eigenständige Person, zwölf Jahre alt, als es anfing. Aber es war schwer, zusammen mit Mama eine eigenständige Person zu werden. Aber Papa hatte uns ja verlassen, und ich durfte Mama nicht verraten. Niemals. Ich wollte immer für sie da sein. Ich dachte wohl, dass sie und ich eine einzige Person seien, wie zwei spiegelverkehrte Gesichter in einem Rahmen. Die einzige Möglichkeit, diesem Druck zu entkommen, war, dass ich verschwand und dass ich die ganzen ekligen Kalorien nicht mehr zu mir nahm. Nach und nach habe ich irgendwie die Kontrolle verloren. Ich wusste wirklich nicht mehr, wer ich war. Ich habe ein bisschen aufgegeben. Da habe ich dann angefangen, heimlich zu essen, große Mengen. Ich war wie besessen. Mama durfte es nicht wissen, aber mir wurde klar, dass sie es trotzdem wusste. Es durfte nicht ausgesprochen werden, denn das war Verrat. Mama könnte traurig werden. Sie könnte erfahren, dass ich etwas tat, was sie nicht tat, und das ohne ihre Zustimmung, ohne dass sie die Chance hatte, mich aufzuhalten. Man kann doch nichts aufhalten, von dem man nichts weiß?«

Kristin saß vornübergebeugt, hielt den Kopf in den Händen und sah zu Boden, während sie sprach. Sie sah niemanden an und sprach ununterbrochen. Ich dachte im Stillen, dass dies schon lange fällig war und sie, während sie den anderen zugehört hatte, viele nie durchschaute Verbindungen hatte herstellen können, um einen Zusammenhang in ihre eigene Geschichte zu bringen. Sie redete und redete. Niemand unterbrach sie.

Nach einer ganzen Weile fragte ich Kristin, was es für sie für einen Sinn habe, alles, was sie aß, wieder auszuspucken. »Dazu habe ich lange selbst keinen Zugang gehabt. Aber der Genuss dabei, mich voll zu stopfen, ist wohl am ehesten so eine Art negativer Besessenheit. Nach dem Genuss empfinde ich Verachtung für das, was ich getan habe.« Der »Genuss« und das Ausspucken seien wie Zuckungen ihres ansonsten toten Körpers. Ich fragte, ob sie wirklich toter Körper gesagt habe – schließlich sei sie in der Pubertät? Und nie sei wohl ein

Körper mehr in Bewegung als in dieser Zeit? »Aber ich wollte meinem Körper nicht seinen eigenen Willen lassen. Ich wollte ihn disziplinieren. So hab ich auch die Macht über das Biologische bekommen, und meine Menstruation hat aufgehört. Das war ein Triumph. Ich wollte nicht erwachsen werden, wie Mama und andere Frauen, die von ihren Liebsten verlassen wurden.« Ich fragte Kristin, wie es wohl gekommen sei, dass sie schließlich so viel gegessen habe. Das habe dem Körper ja gerade die Grundlage gegeben, zu wachsen und sich zu entwickeln. »Das war ganz einfach«, antwortete sie. »Man steckt den Finger in den Hals, oft mehrmals während einer Mahlzeit. So war ich nicht mehr verantwortlich und bin die Vernunft und all den Inhalt losgeworden, der mich von tief drinnen bedroht hat.«

Ich bat sie, das zu erklären.

»Nachdem ich hier war und geredet und zugehört habe, fand ich eine Erklärung, und zwar, dass ich durch das Essen das Gefühl bekommen habe, mit etwas gefüllt zu sein. Ansonsten habe ich mich ganz leer gefühlt, psychisch. Wie Mama, als sie erklärt hat, dass sie leer sei, nicht lebendig. Ich hatte irgendwie nichts zu sagen, nichts zu nehmen, nichts zu geben. Einen kleinen Moment während der Fressorgien habe ich mich total voll gefühlt, fast besoffen. Aber dann kam die Verzweiflung. Die war immer da wie ein Unterton, ganz innen, da, wo der Matsch lag«, erklärte sie und fuhr dann fort:

»Ich hatte das Gefühl, ein schwarzes Fass in mir zu haben, das die schlimmen Gefühle auffing. Wenn ich mich mit Essen voll gestopft habe, dann wurde auch das Fass gesprengt, und alles, was drin war, wurde rausgepresst, und dann kam die Kotze wie ein Wasserfall. Einen kurzen Moment war ich dann irgendwie gereinigt von dem Ekligen, das sich in mir festgesetzt hatte. Mein Inneres war irgendwie gereinigt, und ich war in einer Art heiligem Zustand, ohne Schuld und ohne etwas Böses in mir. Aber dann hat sich das Fass wieder gefüllt. Ich konnte spüren, wie es das tat, und dann habe ich mich wieder voll gestopft, um den ganzen Scheiß wieder loszuwerden.

Ich habe angefangen, die Schuld dafür auf mich zu nehmen, dass Mama und Papa nicht miteinander geredet haben. Vielleicht war ich ja der Grund? Ich fing an, zu Papa zu fahren und dann zu Mama, im Pendelverkehr. Und dann, wenn ich Papas Essen in mich reingestopft hatte, habe ich es wieder ausgespuckt, um nicht von seinem Haus angesteckt zu werden und die Ansteckung in Mamas Haus zu tragen. Ich musste sauber sein, nicht von seinem Haus beeinflusst. Ich versuchte, da zu sein, wenn »die Frau« nicht da war. Sie hat sich in das eingemischt, was ich im Badezimmer gemacht habe. Außerdem hätte es Mama verletzen können, wenn ich mit den beiden zusammen gewesen wäre. Sie hätte es gemerkt. Ich kam also innerlich völlig gereinigt zu Mama. Und da kriegte ich dann ganz schnell einen Heißhunger, begann, mich voll zu stopfen und alles in mich reinzufressen, was ich gehamstert und heimlich geklaut hatte. Ich stopfte mich ganz voll. Das große Fass in mir lief über, und alles wurde wieder ausgespuckt: Ich wurde irgendwie ganz und gar mit in die Toilette hinuntergesogen. Ich habe viel Zeit da verbracht, auf der Toilette.«

Ich fragte, ob sie manchmal mit Freunden zusammen sei, doch sie antwortete, sie könne mit niemandem zusammen sein. Sie habe zu viel mit ihren Fressorgien und dem Ausspucken zu tun.

»Ich war allein, isoliert, konnte den Therapeuten nicht ertragen, der meinte, ich solle von zu Hause ausziehen, das würde alle Probleme lösen. Ich war nicht in der Lage, in die Schule zu gehen. Ich war keine eigenständige Person mehr. Nur ein Behälter, eine leere Hülle, die sich voll stopft und wieder entleert, getrieben von Kräften, von denen ich nichts wissen wollte. Hatte keine Gefühle. War ein Idiot, ein ausgewaschener Lappen, krank, prostituiert, feige, wollte sterben, eine elende Kreatur!«

Die Bulimie zieht sich zurück

So gingen die Gespräche mit Kristin weiter. Sie hatte viel zu sagen. Nach und nach befasste sie sich in ihrer Geschichte immer mehr mit der Gegenwart und der Zukunft. Kristin war begierig, die Zusammenhänge zwischen den Geschichten der anderen Familienmitglieder und ihrer eigenen Geschichte zu verstehen. Sie stellte in ihren Überlegungen verschiedene Möglichkeiten nebeneinander und entwickelte verschiedene Erklärungen.

Ich fungierte meistens als Zuhörerin und Moderatorin. Als ich auch die Geschichten von allen anderen gehört hatte, konnte ich mir erlauben, zu ihren Deutungen Fragen zu stellen. Dieser Dialog führte dazu, dass Kristin ein besseres Verständnis für ihre Familienverhältnisse entwickelte. Sie sah nicht mehr nur ihre eigene Schuld. Sie konnte auch sehen, dass sie in ihrer Kindheit mit zwei Menschen zusammengelebt hatte, ihren Eltern nämlich, die selbst viel Schweres mitgemacht hatten, was sicherlich in hohem Maße ihre Reaktionen und Handlungen beeinflusste. Jetzt, da sie durch das, was die Eltern selbst erzählt hatten, diese Linien im Leben der beiden zu erkennen vermochte, konnte Kristin auch erkennen, wo sie selbst unkritisch und ohne Gegenwehr viele ihrer Vorstellungen und Reaktionen auf traumatische Erlebnisse übernommen hatte.

Kristin und Tone kamen auch mehrmals nur zu zweit. Diese Gespräche verliefen manchmal sehr heftig, weil sie so vieles miteinander zu klären hatten. Sie hatten sich ja wie eine Person gefühlt, wie zwei spiegelverkehrte Gesichter, und beide ernste Krankheitsmerkmale entwickelt. Beide waren wortkarg gewesen und hatten ihr Leid für sich behalten. Jetzt sprachen sie miteinander, und das wirkte befreiend. Es war wichtig, Kristin aus der Vermischung ihrer Identität mit der ihrer

Mutter zu befreien. Auch für die Mutter war es wichtig, sich zu erlauben, ihr eigenes Leben in die Hand zu nehmen und es so zu verändern, dass sie sich wohl fühlte.

Kristin war eine junge Frau mit vielen Möglichkeiten, die ihr Leben selbst bestimmen und eine eigene Identität entwickeln musste. Sie konnte sich nicht mehr von dem »Fass« in sich beherrschen lassen, das angefüllt war mit den Schuldgefühlen, die ihre Mutter aus ihrer Kindheit mit sich herumschleppte, und mit anderem Leid aus ihrem Leben. Sie liebte ihre Mutter trotzdem, und es war kein Verrat an der Mutter oder am Vater, wenn sie sich jetzt ihrer eigenen Entwicklung zuwandte. Sie erkannte, dass niemand anders ihre Zukunft gestalten konnte. Diesen Weg musste sie selbst gehen.

Nach einer Reihe von Gesprächen wurde Kristins psychische Individuation schließlich zu unserem zentralen Thema. Sie hörte mit den Fressorgien auf und erbrach sich nicht mehr. Nach einem halben Jahr begann sie wieder in die Schule zu gehen. Intelligent, wie sie war, gelang es ihr, das Versäumte nachzuholen. Auch nachdem die Essstörung überwunden war, hatte sie noch Ängste, die ich jedoch für natürlich und zu bewältigen hielt. Sie hatte viel zu überdenken und würde noch viele Rätsel lösen müssen, und das würde seine Zeit dauern. Die Gespräche fanden in immer größeren Abständen statt, und nach einem knappen Jahr wurde der Kontakt beendet.

Fünf Jahre später saß ich auf einem Flugplatz in einer großen Stadt in Europa und wurde aufmerksam auf eine groß gewachsene, schicke Frau, die schnell und zielbewusst mit einer Aktentasche unter dem Arm an mir vorbeiging. Es war Kristin. Sie erkannte mich, kam herüber und wir begrüßten uns. Sie war bei einem großen Konzern angestellt und arbeitete im internationalen Business.

Ich wollte sie nicht fragen, wie sie zurechtkam. Die Zeiten, in denen sie erklären musste, wie es ihr ging, waren vorbei.

Jetzt waren wir zwei Menschen, die sich einmal gut gekannt hatten und die sich freuten, einander zu sehen. Sie war eine eigenständige Persönlichkeit mit klaren individuellen Konturen. Wir umarmten uns und wünschten einander alles Gute.

Der Schatten an der Hauswand

Die zwanzigjährige Karen wurde in einer großen Stadt in Norwegen von der Polizei auf einer öffentlichen Toilette gefunden, nachdem sie versucht hatte, sich mit einer Überdosis Heroin das Leben zu nehmen. Nach einem Krankenhausaufenthalt wurde sie in einer Einrichtung für Drogenabhängige untergebracht. Karen konnte sich nur an wenige Details aus ihrer Kindheit und Jugend erinnern und wirkte fast geschichtslos. Sie gehörte zu den vielen Drogenabhängigen, die Hilfe brauchen, um sich selbst wieder als Menschen mit einem eigenen historischen Kontext zu erleben. Ihre Identität war verknüpft mit dem Leben als Drogenabhängige.

Die Einrichtung

Ich kam mit Karen in Kontakt, als mich das Sozialarbeiterteam der Einrichtung, in der sie lebte, bat, ihre Therapie mitzuleiten. Unsere gemeinsame Arbeit war Teil eines Begleitprojekts für Drogenabhängige, das im Herbst 1990 startete. Viele der »Bewohner«, wie die Drogenabhängigen genannt wurden, trugen so viele unverarbeitete psychische Verletzungen mit sich herum, dass das Personal es für nötig befand, ihnen psychotherapeutische Gespräche anzubieten. Um ihre Fähigkeit zu stärken, ein Leben außerhalb der Einrichtung zu meistern, hatte das Personal beschlossen, die gängigen Rahmenbedingungen zu umgehen und einigen von ihnen eine Gesprächstherapie anzubieten. Es erschien ihnen nötig, Karen die Möglichkeit zu geben, ihre Zweifel an ihrer Identität und ihr Gefühl, »auf einem unberechenbaren Meer ohne Grund herumzuschwimmen«, zu bearbeiten.

Die Erfahrungen aus Therapiegesprächen mit mehreren Drogenabhängigen hatten gezeigt, dass viele schwer an Schuldgefühlen litten, die oft von wiederholten, mit Scham besetzten und zutiefst kränkenden Erfahrungen herrührten. Über diese schmerzhaften und demütigenden Erlebnisse sprachen sie jedoch nicht. Sie hatten lange ihre Kräfte darauf verwendet, an Stoff zu kommen. Viele hatten keine erwachsenen Gesprächspartner, denn die allermeisten hatten den Kontakt zu ihren Familien verloren. Oft hatten sich auch die Familien von ihnen zurückgezogen, zum Teil sicher auch, um nicht selbst zu Grunde zu gehen. Viele wollten gern etwas tun, hatten aber erfahren müssen, dass sie ohne Unterstützung des Gesundheits- und Sozialsystems nicht dazu in der Lage waren. Hilfe für die Familien war in der Drogenberatung noch nicht planmäßig vorgesehen und deshalb auch nicht leicht zugänglich.

Alle Bewohner berichteten von Einsamkeitsgefühlen und hatten weder Freunde noch andere Bezugspersonen außerhalb des Drogenmilieus. Die fehlende Grundlage für eine eigene Identität, wie Karen es einmal ausgedrückt hatte, war für die meisten ein großes Problem. Aus den Geschichten, die die Drogenabhängigen im Laufe der Therapiestunden erzählten, wurde ersichtlich, dass sie sich als Menschen wertlos und von der Gesellschaft unerwünscht fühlten. Die Einrichtung sorgte für den körperlichen Entzug, doch da eine psychologische Behandlung nur in besonderen Fällen angeboten wurde und die Bewohner nach der Entlassung keine öffentliche Unterstützung bei der Job- oder Ausbildungssuche erhielten, landeten viele von ihnen schon kurze Zeit später wieder im Drogenmilieu.

Karen

Obwohl sich Karen kaum an ihren familiären Hintergrund erinnern konnte, hatte sie dennoch das Gefühl, einen großen Haufen schmerzhafter Erlebnisse mit sich herumzutragen. Zu den meisten Dingen, die ihr im Laufe der vergangenen Jahre widerfahren waren, hatte sie keinen bewussten Kontakt mehr. Das schützte sie zwar einerseits gegen alles, was wehtat, doch es quälte sie auch. Sie empfand auch keine Freude. Sie wisse nicht, was Freude sei, hatte sie in einer Gruppensitzung gesagt. Deshalb sei es nicht so wichtig, sich zu erinnern.

Obwohl die Vergangenheit für sie anscheinend verloren war, hatte Karen immer wieder blitzartige sinnliche Wahrnehmungen – Gerüche, Farben, Töne, Geräusche und besonderes Licht –, die in ihr sonst so gut abgepolstertes Inneres eindrangen. Es machte sie unruhig und erfüllte sie mit einer unerklärlichen Traurigkeit. Diese Sinneseindrücke wurden immer aufdringlicher, je mehr die Drogen ihren Körper verließen. Sie fühlte sich nackt, entblößt und hilflos. Früher hatte der Rausch ihr das Gefühl von Kontrolle vermittelt, und auch wenn sie wusste, dass das falsch war, hatte sie doch begierig nach den kurzen Augenblicken scheinbaren Geschütztseins gegriffen. Der Rausch hatte ihr kurze, friedvolle Stunden in einem ansonsten brutalen Dasein beschert.

»Jetzt fühle ich mich wie Freiwild«, erklärte Karen bei einem Gespräch, »und alles ist bodenlos.« An einem Tag, an dem sie sehr unruhig wirkte, sagte sie: »Ich bin wie ein Stöckchen auf unruhiger See, das den Richtungssinn verloren hat – ich weiß nicht, wo ich bin.« Sie litt ständig unter Drohungen, die aus ihrem Inneren auftauchten und mit ihren Erlebnissen im Drogenmilieu zusammenhingen.

Karen war groß und schlank, hatte regelmäßige Gesichtszüge und große, wache, aber traurige Augen. Sie wirkte ruhig, wurde jedoch ab und zu rastlos und wanderte dann ruhelos durch die Gänge. Trotz ihrer wortkargen Art war deutlich, dass sie die ganze Zeit genau verfolgte, was um sie herum geschah. Sie trug generell dunkle Kleidung und hatte immer einen Schal eng um den Hals gebunden. Der Schal schien ihr Schutz zu bieten, wenn sie etwas als schwierig erlebte. Gut, dass sie diesen dunkelvioletten Schal hat, dachte ich bei mir. Er zeigt etwas Weiches und Anschmiegsames an ihr, das sonst nicht so leicht sichtbar wäre.

Nach einigen Monaten in der Einrichtung war Karen clean und konnte am Alltag teilnehmen. Sie bewegte sich graziös, und ihre hoch gewachsene Gestalt schien in die Gruppe hinein und wieder hinaus zu gleiten, ohne sich weiter bemerkbar zu machen. Sie verhielt sich still und angepasst. Ich fragte mich, ob sie möglicherweise ausgebrannt war, aber dennoch auf dem Wege der Besserung? In den Gruppensitzungen in ihrer Abteilung hörte sie interessiert zu, hatte aber selbst wenig zu sagen, wenn jemand aus der Gruppe sich an sie wandte.

Wenn jemand sie direkt ansprach, schien sie sich sehr anstrengen zu müssen, um zu erwägen, was sie antworten könnte. Oft sagte sie auch, sie könne sich nicht erinnern. Manchmal stand sie vorsichtig von ihrem Stuhl auf und verließ die Gruppe. Das Personal meinte, sie verhielte sich in gewisser Weise wie eine Mutistin. Sie sprach zwar, jedoch nie über etwas, das Licht auf ihre eigene, sehr dramatische Geschichte geworfen hätte. Sie vermied es eifrig, etwas anzusprechen, das ihre Vergangenheit betraf oder Gefühle für Menschen berührte, die ihr wichtig waren.

Das Personal hielt es für dringend nötig, Karen die Möglichkeit zu geben, an ihrem psychischen Leid zu arbeiten. Mehreren Angestellten war aufgefallen, dass sie mittlerweile über längere Phasen aktiv zuhören konnte, mit deutlichem Interesse am Inhalt der Gruppengespräche, jedoch ohne selbst etwas beizutragen. Nach einigen Überlegungen kamen wir in unserer Gruppe zu dem Schluss, dass Karen ein denkender und aktiv zuhörender Mensch war und in keiner Weise abgestumpft, wie manche den Eindruck gehabt hatten. Sie war eine zutiefst unglückliche und einsame junge Frau.

Die Therapie

Nach einigen Gesprächen mit Karen, die uns nicht viel weiterbrachten, teilten meine Kollegin und ich ihr mit, dass wir den Wunsch hätten, jemanden aus ihrer Familie zu den Gesprächen einzuladen. Karen sagte mit fast flüsternder Stimme, sie habe keine Familie. Wir fragten, ob sie uns erzählen könne, was mit ihrer Familie passiert sei. Karen wusste wenig und war offensichtlich auch nicht gewohnt, darüber zu sprechen. Nach einer Weile stellte sich heraus, dass sie ihren Vater nie gesehen hatte. Ihre Mutter lebte in Kanada, und Karen hatte in den letzten Jahren keinen Kontakt mehr zu ihr gehabt. Ihre Großeltern, bei denen sie einen Teil ihrer Kindheit verbracht hatte, waren beide tot. Unser Eindruck war, dass es in Karens Geschichte eine Reihe von verschwiegenen Themen gab, die ihre direkte Familie betrafen. Wir kamen deshalb zu dem Schluss, dass es wichtig für sie wäre, in ihrem Leben wieder Verbindungen herzustellen, damit sie ihre eigene Identität an wertvolle Beziehungen knüpfen könnte. Dazu brauchten sowohl wir als auch Karen Hilfe, am besten von einem Menschen, der ihr nahe stand, ob nun im positiven oder negativen Sinne.

Gemeinsam mit Karen diskutierten wir die Möglichkeit,

ihrer Mutter einen Brief zu schreiben und sie nach Norwegen einzuladen, um an unseren Gesprächen teilzunehmen. Karen wurde spürbar unruhig und meinte, das sei nicht notwendig. Außerdem habe ihre Mutter einen wichtigen Job, und Karen wolle sie nicht stören, wie sie es ausdrückte. Dabei klang ihre Stimme so dünn, dass man sie kaum noch hören konnte. Ich fragte sie, ob ihre Stimme ein Lebensrecht habe. Diese Frage rüttelte sie offensichtlich auf, denn sie hob den Kopf, den Schal ganz an den Mund geschoben, und sah mich mit ihren großen, wachen Augen verwundert an. So blieb sie einen Augenblick sitzen, sah dann wieder zu Boden und sagte: »Vielleicht nicht.«

Meine Kollegin und ich tauschten uns, ohne Karen einzubeziehen, kurz darüber aus, dann wandten wir uns wieder an sie: »Wir haben die Erfahrung gemacht, dass Eltern manchmal mehr Interesse an ihren Kindern haben, als sie gewöhnlich zeigen, und wir würden uns deshalb gern an deine Mutter wenden. Außerdem ist es ganz natürlich, dass junge Menschen mit ihren nächsten Familienangehörigen über wichtige Dinge sprechen.« Das schien Eindruck auf Karen zu machen. Ich dachte im Stillen, dass es ihre besondere Mutter-Tochter-Beziehung in einen allgemeineren, konfliktfreien Zusammenhang stellte.

»Ich kenne so was nicht«, sagte Karen. »Also, dass man das einfach so macht.« Ein milder Zug trat auf ihr sonst so trauriges und unbewegliches Gesicht. Wir deuteten diese Reaktion als Signal dafür, dass sie ihre Mutter durchaus gern treffen wolle und den Gedanken vielleicht auch schon gehabt, ihn aber nur als Phantasie betrachtet habe. Karen hatte oft erwähnt, dass sie manchmal Phantasien habe, es werde etwas Gutes geschehen. Sie wisse jedoch, dass es nur Phantasien seien.

»Aber Sie können meine Mutter doch nicht nur meinetwegen nach Norwegen holen«, wandte sie noch einmal ein.

Wir sagten, wir würden es versuchen und müssten dann natürlich abwarten, was ihre Mutter dazu sage und ob sie kommen könne oder nicht. »Karen, du hast es jetzt gewagt, deiner Stimme ein Lebensrecht zu geben. Nun muss deine Mutter dasselbe Recht haben, und wir müssen abwarten, was geschieht.«

Nach einigen anfänglichen Schwierigkeiten, die neue Adresse der Mutter in Kanada ausfindig zu machen, wurde der Brief mit der Einladung schließlich geschrieben und abgeschickt. Wir bekamen Kontakt zu Karens Mutter Amanda Jones, einer Frau um die vierzig, die als Sekretärin bei einer großen internationalen Firma in einer Stadt in Kanada arbeitete.

Drei Wochen später saßen zwei große, schlanke Frauen mit ebenmäßigen Gesichtszügen im Therapieraum. Karen war dunkel gekleidet, trug schwarze Jeans und einen schwarzen Pullover und hatte den violetten Schal weit ins Gesicht hochgeschoben. Sie war ungeschminkt. Amanda trug gedeckte, helle Farben: eine cremefarbene Bluse und eine Jacke in der gleichen Farbe. Sie wirkte sehr gepflegt und war dezent geschminkt. Außerdem saß noch eine weitere Betreuerin dabei. Diese erste Begegnung war ein bewegender Augenblick für uns alle.

Karen und Amanda

Für das erste Gespräch hatten wir viel Zeit eingeplant, mit mehreren kurzen Pausen, je nach Bedarf.

Hinter einem Fenster im Beobachtungsraum, der neben dem Therapieraum lag, saßen drei andere Mitglieder des Teams, die hören konnten, was im Therapieraum geschah. Mit Amandas und Karens Einverständnis konnten wir auf diese Weise eine offene Situation herstellen, in der zwischen den beiden Räumen ein ständiger Austausch stattfand. So konnte zum Beispiel ein Teammitglied an die Tür des Therapieraums klopfen und sagen: »Wir hier hinter dem Fenster, die das Gespräch sehen und mit anhören, sind sehr beeindruckt davon, dass Mutter und Tochter offensichtlich ihre Aussagen gegenseitig so gut verstehen, obwohl sie sich so viele Jahre in verschiedenen Teilen der Welt aufgehalten und verschiedene Sprachen gesprochen haben. Einige von uns meinten, das komme wohl daher, dass die beiden als Mutter und Tochter auf eine natürliche Weise zusammengehören.«

Solche Botschaften aus dem anderen Raum konnten, ihrer fragmentierten Geschichte zum Trotz, zur Würdigung der realen biologischen Verbundenheit zwischen den beiden Frauen beitragen. Die Verbundenheit zwischen Amanda und Karen war vorläufig ein sensibles Thema. Noch befanden wir uns am zarten Anfang der Wiederbelebung ihres Kontakts. Deshalb war es richtig, dass die Botschaft von außen kam und nicht im inneren Raum geäußert wurde, was leicht als aufdringlich und bedrohlich hätte erlebt werden können.

Aussagen dieser Art spielen als parallele Geschichte in den Therapieprozess hinein und berühren oft tief liegende emotionale Strukturen. Manche schmerzhaften Themen sind einem gewöhnlichen Gespräch eher zugänglich, wenn sie aus dem Beobachtungsraum heraus ins Spiel gebracht werden. Die Tatsache, dass mehrere Menschen auf das reagieren, was im Therapieraum zum Vorschein kommt, führt außerdem dazu, dass die Klienten nicht nur einem Therapeuten und dessen Deutung des Gesprächsverlaufs ausgeliefert sind.

Amanda und Karen saßen also im geschlossenen Therapieraum mit uns zusammen. Sie sahen sich nicht direkt an, warfen sich aber immer wieder kurze Blicke zu. Beide wirkten schüchtern, und beide hatten etwas bei sich, das sie in den Händen halten konnten. Die Mutter zupfte an einem weißen Seidentaschentuch herum, offensichtlich bereit, sich damit ihre Tränen abzuwischen. Vielleicht wollte sie auch eine demütige Haltung gegenüber ihrer Tochter und den Therapeuten signalisieren. Karen hatte einen Schlüsselbund in der Hand, mit dem sie zwischendurch rasselte, als sei sie bereit, den Zugang zu einer Situation auf- oder auch zuzuschließen. Ich dachte im Stillen, dass die Schlüssel ihr Bedürfnis nach Kontrolle über diese sensible Situation repräsentierten.[1] Sie waren symbolischer Ausdruck dafür, dass sie die Situation verlassen konnte, wenn es für sie bedrohlich wurde. Die Schlüssel konnten aber auch die Möglichkeit symbolisieren, verschlossene Räume zu öffnen. Diese Metapher wurde später im Therapieprozess dafür benutzt, um über verschwiegene Erfahrungen zu sprechen.

Karen sah oft zu ihrer Mutter hinüber und dann ganz schnell wieder woanders hin. Mir kam der Gedanke, dass sie eine stille Einschätzung der gesamten Situation und ihres emotionalen Gehalts vornahm. Sowohl für Karen als auch für Amanda stellte dieses erste Treffen eine Schwellensituation dar, den Übergang von einem Zustand in einen anderen, von dem wiederum beide wussten, dass er emotional eine große Herausforderung sein konnte. Für alle Anwesenden hatte diese Begegnung etwas Heikles und möglicherweise Riskantes.

Niemand sagte etwas. Die Stille wurde drückend. Amanda wirkte angespannt, und ihr Gesicht war starr und ernst. Wir erkannten eine große äußerliche Ähnlichkeit zwischen Mutter und Tochter. Amanda kämpfte offensichtlich mit den Tränen. Die Stille unterstrich das Besondere an der Tatsache, dass Mutter und Tochter jetzt gemeinsam hier saßen.

Ich wollte gern wissen, ob Karen zu Amanda Mutter oder Mama sagte. Karen antwortete mit klarer Stimme: »Ihre Mutter (sie nickte zu Amanda) war auch meine Mutter, darum hab ich sie, als ich klein war, Mutter genannt, aber als ich älter war, habe ich sie Großmutter genannt. Sie« – sie nickte wieder zu

Amanda rüber, »habe ich Mama genannt. Aber als ich älter wurde, habe ich das Wort Mama nicht mehr benutzt.«

Ich fragte, ob es zu weit gehe, wenn wir jetzt, da sie hier beisammensaßen, für Amanda das Wort Mutter oder Mama benutzten und für Karen das Wort Tochter. Die beiden sahen sich verstohlen an und schüttelten den Kopf. Ich fügte an meine Kollegin gewandt hinzu: »Dann ist damit also klar, dass wir es hier mit Mutter und Tochter zu tun haben.«

Meine Kollegin nickte und sagte, das könne sie bezeugen. Ich wiederholte noch einmal, dass damit die enge familiäre Beziehung, die Mutter-Tochter-Beziehung der beiden, bestätigt worden sei. Amanda fügte mit dünner Stimme hinzu: »Niemand anders als ich ist Karens Mutter, und Karen ist mein einziges Kind, meine Tochter.«

Ihre Beziehung sei eine ganz einzigartige, das könnten wir alle sehen und als Tatsache erkennen, unterstrich ich, und die Kollegen im Raum hinter dem Spiegel wurden gebeten, sich dies zu merken und es aufzuschreiben. Nun konnte in zwei Räumen bezeugt werden, dass Amanda und Karen hier tatsächlich als Mutter und Tochter zusammensaßen und das nicht nur der Phantasie entsprang.

Amanda wischte sich Tränen von den Wangen. Karen ließ den Schlüsselbund ruhen, hielt die Luft an und sagte nichts. So saß ihr schlanker, dünner Körper einen Moment lang wie versteinert da, bis sie die Schultern fallen ließ und ausatmete. Mir kam der Gedanke, dass sie diese Feststellung noch eine kleine Weile hatte festhalten wollen. Karen hatte uns ja früher schon erzählt, dass es ihr oft schwer falle zu erkennen, ob etwas Phantasie oder Wirklichkeit sei. Sie habe das Gefühl, alle Wünsche und Hoffnungen seien flüchtige, nebulöse Bilder, auf die sie sich nicht verlassen könne. In diesem Fall war ganz deutlich, dass das, was jetzt geschah, Wirklichkeit war.

Ich war gerührt von der Situation und brachte das auch zum Ausdruck: »Es ist eine Tatsache, dass Amanda aus einem anderen Kontinent gekommen ist, um ihre Tochter wiederzutreffen, und es ist auch eine Tatsache, dass Karen dafür gesorgt hat, dass ihre Mutter herkommt. Das ist sehr bewegend. So etwas geschieht nicht jeden Tag.«

Karen und Amanda sahen sich kurz an und nickten bestätigend. Beide hatten Tränen in den Augen. Karen hatte den Schal eng um den Hals gebunden, ließ aber den Schlüsselbund immer noch ruhen. Ich sagte: »Wir haben jetzt eine Grundlage, auf der wir unsere weitere Arbeit aufbauen können, einen klaren Ausgangspunkt für unsere weiteren Gespräche. Sie beide haben die Möglichkeit, Ihre zum Teil verloren gegangenen Geschichten zu rekonstruieren, was niemand anders als Sie selbst tun können.«

»Sie beide können in der Zeit, die Sie, Amanda, hier sind, mehrere Gespräche mit uns führen. Zusätzlich können Sie beide alle Zeit, die Sie zur Verfügung haben, nutzen, um außerhalb unserer Sitzungen miteinander zu reden«, sagte die Leiterin der Abteilung, die in den Therapieraum gekommen war, um dies klarzustellen. Sie fuhr fort: »Ihre Tochter lebt zurzeit hier, und deshalb sind Sie als ihre Mutter natürlich auch willkommen, hier mit Karen zusammen zu sein, so oft und so lange Sie beide es möchten.«

Diese Botschaft trug der Tatsache Rechnung, dass sich beide auf fremdem Terrain befanden und deshalb beide Fürsorge brauchten. Die Willkommensbotschaft der Leiterin demonstrierte auch, dass die Einrichtung in diesem Fall eigentlich Gastgeber beider Frauen war, auch wenn Amanda Karens Territorium betrat.

»Ja, Karen, wie fühlt es sich an, hier zu sein, zusammen mit deiner Mutter, nach so langer Zeit?«, fragte ich.

»Das hätte ich nie gedacht«, antwortete sie. »Ich habe nicht geglaubt, dass sie kommen würde. Es ist irgendwie unwirklich, und ich dachte, es sei vielleicht nur Einbildung.«

Ihre Mutter wischte sich die Tränen ab. Karen sah uns an,

als wollte sie noch eine Bestätigung dafür, dass das Ganze Wirklichkeit war, und rasselte mit dem Schlüsselbund. Ich deutete das Rasseln als Signal dafür, dass sie Angst hatte, es könne doch alles nur Einbildung sein. Meine Kollegin und ich wandten uns einander zu und äußerten noch einmal, es gebe viele Zeugen, die bestätigen könnten, dass Amanda hier bei Karen sei, an ihrem vorübergehenden Wohnort. Wir würden beiden Zeit geben, sich einzubringen, und dafür sorgen, dass während des Prozesses keine das Gesicht verlor. Karen schien das anzunehmen, und das Rasseln hörte auf.

Wir warteten eine Weile. Dann wandte ich mich an Amanda und fragte: »Wie ist es für Sie, hier zusammen mit Ihrer erwachsenen Tochter zu sitzen, Amanda?«

Die Mutter wischte sich wieder die Tränen ab und sagte: »Ich war so froh, dass Sie mich angeschrieben haben und dass Karen mich treffen wollte. Ich hatte irgendwie den Mut verloren, und auf eigene Faust hätte ich es nicht geschafft zu kommen. Ich konnte nicht mehr. Eine Zeit lang hatte ich genug mit mir selbst zu tun. Ich dachte, ich hätte Karen für immer verloren.« Sie weinte. »Ich habe ja versucht anzurufen, am Anfang. Aber niemand wusste, wo sie war, und niemand hatte eine Telefonnummer oder Adresse. Ich war verzweifelt.«

»Erkennen Sie Karen wieder?«, fragte ich.

»Oh ja, es besteht kein Zweifel, dass das tolle –«, sie stotterte ein bisschen, »– Mädchen, das da sitzt, meine Tochter ist!« Die Tränen liefen ihr über das Gesicht.

Karen sah vorsichtig zu ihrer Mutter hinüber und sagte mit leiser Stimme: »Ich erkenne dich ja auch wieder.« An dieser Stelle war auch sie deutlich gerührt und begann zu weinen. Kein Rasseln mit dem Schlüsselbund mehr. Ich dachte mir, dass Karen ihre Mutter vielleicht jetzt als real anerkannt hatte und dass es okay war, wenn sie ihre Gefühle zeigte. Es blieb eine Weile still. Beide weinten. Eine Kollegin brachte aus dem Raum hinter dem Spiegel eine Wasserkaraffe mit Eiswürfeln herein. Sie schenkte allen ein Glas ein und servierte das kalte Wasser in dem aufgeheizten Raum, während wir fünf Minuten Pause einlegten.

Karens Gedächtnisverlust

»Wir haben in der Pause ein bisschen geredet«, sagte ich, als wir wieder beisammensaßen, und nickte meiner Kollegin zu. »Wir haben uns überlegt, dass Sie beide vielleicht zuerst etwas darüber sagen könnten, was Ihnen jetzt wichtig erscheint. Wir haben nur die wenigen Wochen Zeit, in denen Amanda hier ist. Es ist wichtig, dass Sie das aus den Sitzungen herausholen, was Ihnen wichtig ist.«

Karen zog ihren Schal fast bis zum Mund hoch und ergriff das Wort: »Was mich schon lange bedrückt, ist, dass ich mich aus der Zeit, als ich klein war, an so wenig erinnern kann. Ich kann die Dinge nicht auseinander halten. Ich habe so viele Fragen. Sie haben mich die ganze Zeit, seit ich hier bin, immer wieder danach gefragt …«, sie wandte sich an meine Kollegin, »aber ich kann mich einfach nicht erinnern.«

»Bedeutet das, Karen, dass es okay ist, wenn wir deine Mutter fragen, ob sie dir bei der Erinnerung helfen kann, und wir alle gemeinsam dann die Geschichte von Karen aufschreiben, die jetzt zwanzig ist, und die Geschichte von ihrem Leben früher, jetzt und in der Zukunft?«, fragte ich. Karen und Amanda nickten, und Karen schien etwas ruhiger zu werden.

Diese Frage öffnete die Tür für viele Reflexionen darüber, was in Karens Leben abgelaufen und wie ihre Mama ihr nach und nach immer ferner gerückt war.

Karen litt an Gedächtnisverlust. Wir betrachteten dies zum Teil als Folge des Drogenmissbrauchs und der damit einhergehenden Lebensführung. Allerdings konnten wir auch nicht ausschließen, dass sie einen hirnorganischen Schaden davongetragen hatte. Sie war oft bewusstlos gewesen und hatte unter der Einwirkung von Drogen viele Traumen erlebt, mehr als sie verkraften konnte. Sie hatte eine Fähigkeit zur Dissoziation entwickelt[2], sodass sie sich vieler schrecklicher Erlebnisse nicht mehr bewusst war: sexueller Missbrauch als Prostituierte, andere Gewalterfahrungen und Ähnliches. Aus Erfahrung wussten wir, dass Menschen, die bei gleichzeitigem Gedächtnisverlust an solchen Dissoziationen leiden, oft Probleme haben, das Geschehene zu rekonstruieren, was wiederum das Resultat einer Wechselwirkung zwischen hirnorganischen und psychologischen Faktoren ist. Einer solchen Kombination aus psychologischem und organischem Schutz, den der Gedächtnisverlust auch im Falle Karens durchaus darstellen konnte, war möglicherweise schwer zu begegnen, gerade weil er gegen den Schmerz schützte, der das traumatisierte Mädchen ständig bedrohte.

Dennoch war es wichtig, mit dem scheinbar Verlorenen zu arbeiten, um eine bewusstere Beziehung dazu herzustellen und so eine Verarbeitung des Erlebten zu ermöglichen. Die Speicherung der verlorenen und nicht mehr bewussten Erfahrungen führt auch zu Verletzbarkeit und der manchmal paradoxen Neigung, traumatische Erlebnisse zu wiederholen, gerade in dem Versuch, den Kontakt zu den »stummen« Erfahrungen wieder aufzunehmen. Hier ist es wichtig, Personen ihren Wert und ihre Identität, die in bedeutungsvollen Beziehungen verankert sind, zurückzugeben.

Karen hatte das Gefühl, ohne sich dessen bewusst zu sein, in die traumatischen Erlebnisse hineingezogen worden zu sein, an die sie sich zugleich nicht mehr erinnern konnte.

Sowohl als kleines Kind, das oft einsam war und keine emotionale Zuwendung bekommen hatte, als auch später im Zustand des Rausches, war es ihr nicht gelungen, sich der Gefahrenzone fern zu halten. Außerdem hatte sie die Fähigkeit verloren, über sich selbst zu bestimmen. Sie konnte die einzelnen Geschehnisse nicht mehr voneinander unterscheiden, in Episoden aufteilen oder bestimmten Zeiträumen zuordnen.

»Zeichne ein Haus und erzähle«

Um eine zusammenhängende und Sinn stiftende Geschichte zu erzählen, beschlossen wir, die Methode »Zeichne ein Haus und erzähle« zu benutzen, wie ich sie schon im Kapitel über Petter Pettersen beschrieben habe.

Wir erklärten Karen, dass sie ein Haus für jede der unterschiedlichen Phasen ihrer Kindheit zeichnen solle, mit allen Personen, die dazugehörten, um langsam die Geschichte ihrer Vergangenheit zu rekonstruieren.

Anfangs erinnerte sich Karen an sehr wenig, und es war ein sehr mühsamer Prozess für sie, mit den Zeichnungen zu beginnen. In Fällen, in denen zu Beginn der Arbeit mit dieser Methode das Erinnerungsvermögen nur noch teilweise intakt ist, erlebt man das nicht selten.

Dennoch entdeckte Karen kleine Überreste, die sie in Worte fassen konnte. Beispielsweise meinte sie, sich zu erinnern, dass es aus der Küche nach Weihnachtsstollen gerochen habe, einer Spezialität ihrer Großmutter. Oder sie erinnerte sich plötzlich daran, dass sie sonntags bei den Großeltern aus dem Radio Orgelmusik gehört hatte. »Orgelmusik löst in mir immer eine wehmütige Stimmung aus, und ich kriege immer noch Tränen in den Augen, wenn ich solche Musik höre«, berichtete sie. Sie höre dann förmlich die düstere und bedrohliche Musik, die das Haus ihrer Großeltern an jenem Sonntag durchdrungen hatte, als sie noch klein war und entdecken musste, dass die Mutter sie verlassen hatte und weit weg in eine fremde Stadt gegangen war.

Karen blieb bei den Großeltern zurück. Weder sie noch ihre Mutter konnten sich genau erinnern, wann das geschehen war, doch Amanda meinte, Karen müsse ungefähr zwei oder drei Jahre alt gewesen sein. »Ich habe in meinem späteren Leben immer große Angst und so eine schreckliche Unruhe empfunden, wenn ich Orgelmusik gehört habe«, erzählte Karen.

Aus solch kleinen Erinnerungsfetzen kann ganz unmerklich eine Geschichte entstehen, in der einzelne, scheinbar zufällige Details zu wichtigen Bausteinen für das Verständnis von Zusammenhängen im Leben eines Menschen werden. Erinnerungen daran, was im Leben eines Kindes seit seiner Geburt geschehen ist, können teilweise zurückgewonnen werden. Einzelne Erinnerungen, oft in Verbindung mit Sinneswahrnehmungen, aktivieren komplexere Vorstellungen und Assoziationen, die wiederum Verbindungen zu inneren Strukturen des Gehirns aktivieren, in denen die verlorene Erinnerung möglicherweise gespeichert war.

In dem Augenblick, wo das vorher Unaussprechbare eine sprachliche Form annimmt, vollzieht sich eine Bewusstwerdung, die mit anderen geteilt werden kann. Die schmerzhaften Erlebnisse werden aus dem verschlossenen Innenraum befreit und zu einer verständlicheren Erfahrung umgeformt. Der Dialog bestätigt also etwas, das früher nur als unzusammenhängende Bruchstücke von Wahrnehmungen, Stimmungen, Worten und Geschehnissen zugänglich war. Deshalb birgt die Gestaltung einer Geschichte im Therapieraum ein bedeutendes therapeutisches Potenzial. Die große Herausforderung für einen Therapeuten besteht allerdings darin, eine nicht bedrohliche Erzählform zu ermöglichen, die auch den Erfahrungen, Ahnungen und Wahrnehmungen der Klienten entgegenkommt.

»Das Haus, in dem alles begann«

Karen zeichnete also das erste Haus, in dem sie und Amanda gelebt hatten, auf das Flipchart. Ich fragte, wie sie dieses Haus nennen wolle, in dem sie als neugeborenes Baby gewohnt hatte. Sie antwortete, sie wolle es »Das Haus, in dem alles begann« nennen, und fügte hinzu, sie würde sich wünschen, dort hätte auch alles geendet und es hätte keine Fortsetzung gegeben.

Auf die Frage an Mutter und Tochter, wer in diesem Haus gewohnt habe, erklärte Amanda, es sei eigentlich das Haus ihrer Eltern gewesen. Sie sei selbst noch so jung gewesen, als sie Karen bekommen habe, und sei zu einem »unerwünschten« Zeitpunkt schwanger geworden.

Es trat eine kurze Stille ein, und ich fragte nach, was das bedeute. Amanda antwortete, sie habe nicht geplant, zu dem Zeitpunkt schwanger zu werden. »Ich hatte noch nicht die Ausbildung, die mir vorschwebte, und ich hatte kein Geld, um ein Kind zu versorgen. Das war der Grund, warum ich und Karen im Haus meiner Eltern wohnen blieben. Ich war selbst noch ein Kind«, wiederholte Amanda, »und meine Eltern übernahmen die Hauptverantwortung für Karen, während ich meine Ausbildung fertig machte.« Karen hörte aufmerksam zu. Ich fragte sie, ob sie das so schon gehört habe, und sie schüttelte den Kopf. Amanda erklärte: »Es gab so viele Dinge, über die wir hätten reden müssen, aber sie waren so schwierig für mich, dass ich es nicht fertig brachte.«

Als Karen ungefähr zwei Jahre alt war, sei es nötig geworden, dass Amanda zum Unterhalt des Kindes beitrug, und sie sei in eine große Stadt gezogen, um dort als Sekretärin in einem bekannten Konzern zu arbeiten, erklärte Amanda. »Ich war gut in meinem Beruf, und ich habe mich sehr wohl gefühlt, so weit weg vom Elternhaus. Ich war froh, endlich eine selbstständige Frau zu sein. Ich habe Karen vermisst, aber ich habe mich damit beruhigt, dass meine Tochter es bei den Großeltern gut hatte. Manchmal sind viele Wochen vergangen, in denen ich Karen nicht gesehen habe.«

Karen fügte hinzu, sie könne sich erinnern, dass sie die Mutter vermisst und immer geweint habe, wenn sonntags im Haus der Großmutter Orgelmusik gespielt wurde. »Ich war einsam«, sagte Karen, »und das sitzt in mir drin.« Die Großeltern mochten es nicht, wenn Karen nach ihrer Mutter fragte. Sie sagten, sie komme sicher bald nach Hause, und Karen habe es doch gut bei ihnen. Karen lernte schnell, dass sie nicht von ihrer Mama sprechen durfte, denn das führte nur zu Irritationen.

Wir fragten Karen, ob sie die Menschen, die in das Haus gehörten, einzeichnen wolle oder andere Dinge, die ihr noch präsent seien, vielleicht auch vage Andeutungen von Erinnerungen und Wahrnehmungen aus der Phase des »Hauses, in dem alles begann«. Sie könne auf dem Flipchart zeichnen, was ihr einfiele und davon erzählen.

Karen dachte nach. Es dauerte eine Weile, bis sie die Aufgabe zaghaft in Angriff nahm. Es war offensichtlich, dass es sie einiges kostete. In das Haus hinein zeichnete sie ein kleines Baby, das von einer älteren Frau gehalten wurde. Das Baby war sie selbst, die ältere Frau war ihre Großmutter. Auf einem Bett in einem Raum im ersten Stock lag der Großvater und ruhte sich aus. Draußen vor dem Haus zeichnete sie eine junge Frau mit wehendem Haar und einem Kleid, das sie schließlich hellgelb anmalte. Die Frau hatte das Gesicht abgewandt, trug einen Koffer und war offensichtlich dabei, sich von dem Haus zu entfernen und einen Hügel hinabzugehen. Hier hielt Karen inne und wirkte sehr berührt von ihrer Zeichnung. Ich fragte, wer die junge Frau sei. »Das ist Mama«, flüsterte Karen.

Die Mutter wischte sich mit ihrem weißen Seidentaschentuch die Tränen vom Gesicht, lächelte aber auch ein wenig, als ich anmerkte, dass niemand sonst so ein schönes, hellgelbes Kleid bekommen habe.

Plötzlich wurde Karen spürbar unruhig. Sie war blass, und in ihrem Gesicht zuckte es. Ich fragte, ob sie mit uns teilen wolle, was gerade mit ihr geschah. Sie verhielt sich still, und wir ließen sie eine Weile in Ruhe. Dann wandte sie sich wieder der Zeichnung zu und sagte: »Sie haben gesagt, ich dürfe wahrnehmen, einfach irgendwie mitnehmen, was da ist, auch wenn ich mich nicht so deutlich erinnern kann.«

Dann zeichnete sie die schattenhafte, undeutliche Gestalt eines Menschen zwischen ein paar hohen Bäumen an der einen Ecke des Hauses. »Das ist ein Mann, aber ich weiß nicht, wer es ist.« Wir konnten sehen, dass diese Gestalt Karen sehr berührte, also versuchten wir, den Prozess etwas zu bremsen. Ich sagte: »Die Frage, wer das ist, kann vielleicht später noch einmal aufkommen. Wir müssen nicht alles auf einmal wissen. Schließlich haben wir ein paar Wochen Zeit und können immer wieder auf die Gestalt und ihre mögliche Bedeutung zurückkommen.« – »Ich habe etwas gezeichnet, was ich immer in meinen Träumen sehe«, sagte Karen. Es sei eine Männergestalt, die immer wieder in ihren Alpträumen auftauche und die sie nicht möge, zu der sie sich aber immer auch hingezogen fühle. Diese Gestalt habe eine Sogwirkung auf sie, aber sie fühle sich hilflos ihr gegenüber. Sie habe oft versucht, sich vorzustellen, wer das wohl sein könne.

Wir ließen es vorerst damit bewenden, weil wir uns nicht sicher waren, ob dieses Bild, also das, was sie jetzt als einen Schatten neben das »Haus, in dem alles begann« gezeichnet hatte, sie nicht in ein neues Gefühl von Hilflosigkeit treiben könne. Es bestand die Gefahr einer emotionalen Überlastung, wenn die Erinnerungsbilder nach und nach deutlicher hervortraten. Das wollten wir vermeiden. Wir wollten vorsichtig vorgehen, damit unsere Sitzungen nicht alte Träume in Karen wiederaufleben lassen würden. Wir nahmen ihre Ambivalenz deutlich wahr. Einerseits hatte sie den Wunsch, die Gestalt genauer zu erforschen, andererseits hatte sie eine tiefsitzende Angst davor. Wir wollten warten, bis sie mit der Andeutung dieses, unserer Meinung nach wichtigen Teils ihrer Geschichte mehr verbinden konnte.

Bevor die Sitzung endete, fragten wir das Team hinter dem Spiegel, ob es etwas gebe, das sie uns mitteilen wollten. Daraufhin schickten sie eine Kollegin in den Therapieraum, die erzählte, wie es sie berührt habe, dass Amanda und Karen begonnen hätten, ihr Leben miteinander zu teilen. Außerdem könnten die Kollegen in dem anderen Raum bezeugen, dass sie die Zeichnung von dem Schatten gesehen hätten, der jetzt auf dem Papier verwahrt sei. Er sei jetzt eine konkrete und sichtbare Figur, auf die wir in einer späteren Sitzung zurückkommen könnten.

Amanda und Karen waren dabei, gemeinsam etwas Wichtiges zu gestalten, und in diesem Prozess wussten sie die aufmunternde Botschaft aus dem anderen Raum deutlich zu schätzen. Außerdem war es möglich, auf manche Dinge zurückzukommen. Nicht alles musste sofort behandelt werden.

»The House of Strangers«

Als Karen und Amanda das nächste Mal kamen, berichteten sie, dass sie in der Zwischenzeit sehr viel Zeit miteinander verbracht hätten. Das habe ihnen gut getan. Sie seien in der Stadt im Café gewesen und hätten lange Spaziergänge unternommen. Über den Inhalt der ersten Sitzung hätten sie nicht gesprochen. Das sei ihnen zu heikel, um sich allein darauf einzulassen. Es gebe eine gewisse Sicherheit, das zusammen mit jemandem zu tun, »der den Prozess leiten kann«, sagten sie und nickten uns zu. Das stimmte uns optimistisch. Dass sie uns als Menschen erlebt hatten, die den Prozess »leiteten« und nicht »übernahmen«, schien uns eine viel versprechende Einstellung zu der Arbeit zu sein, die wir gemeinsam begonnen hatten.

Mit Hilfe der Zeichnungen von den Häusern und den Menschen, die in den verschiedenen Phasen darin gewohnt hatten, kamen zum Teil sehr erschütternde Geschichten zum Vorschein. Amanda erzählte aus ihrer Perspektive, was geschehen war, und Karen setzte bei den ihr noch verfügbaren Erinnerungen aus ihrem Leben an. Amanda war ihr behilflich, indem sie Details aus Karens früher Kindheit hinzufügte. Aus dieser Zeit konnte Karen natürlich nur wenige Erinnerungen haben, abgesehen davon, dass sie bei den Großeltern gelebt hatte. Sie wusste wenig darüber, warum ihre Mutter sie verlassen hatte.

Als Karen fünf Jahre alt war, wurde Amanda eine Stelle in Kanada angeboten. Für sie war es ein gutes Angebot und eine schmeichelhafte Beförderung. Sie hatte damit gerechnet, nur ein paar Jahre dort zu bleiben. Karen hatte sich so gut an das Leben mit den Großeltern gewöhnt, dass Amanda es nicht problematisch fand, ohne das Kind nach Kanada zu gehen.

Nun sahen sich die beiden nur noch einige Wochen in den Sommerferien, denn Amanda kam nicht so häufig nach Hause. Sie hatte mittlerweile das Gefühl, dass ihre Eltern die Versorgung von Karen ganz übernommen hatten und sie selbst eine eher unterstützende Rolle spielte. Außerdem war sie Einzelkind und meinte, sie dürfe ihren Eltern das Kind nicht wegnehmen.

Sie ging also zunächst ohne Karen nach Kanada. Als sich herausstellte, dass ihre Arbeit dort länger dauern würde, beschloss sie eines Sommers, Karen doch mitzunehmen. Karen wurde in der Schule abgemeldet und begleitete ihre Mutter mit gemischten Gefühlen. Unter anderem hatte sie Angst vor dem Beginn des neuen Schuljahres in der kanadischen Schule. Karen sagte jedoch: »Ich hatte irgendwie die heimliche Hoffnung, dass Mama und ich eine Beziehung bekommen würden wie andere Mütter und Töchter, und dass ich die ewige Sehnsucht loswerden würde, die ich immer hatte« – sie rang nach Luft – »nach meiner richtigen Mutter.« Es war nicht leicht für sie, diese Worte auszusprechen. Sie saß auf der Stuhlkante, als sei sie auf dem Sprung, aufzustehen und zu gehen, und warf ihrer Mutter verstohlene Blicke zu. Dazu rasselte sie mit dem Schlüsselbund. Dann entstand eine längere Stille, die wir nicht durchbrechen wollten.

»Aber«, fuhr Amanda schließlich fort, »das war nicht so leicht. Wir waren uns wohl fremder, als wir gedacht hatten, und es tat mir so Leid, dass Karen so schreckliches Heimweh nach Norwegen hatte.« Sie habe am Anfang selbst auch Heimweh gehabt und deshalb gewusst, wie das war. Karen erklärte: »Ich habe mich nicht nur zurückgesehnt, sondern ich habe auch schreckliche Angst bekommen, dass meine Mama mir wieder verloren geht.«

Amanda hatte das Gefühl gehabt, einfach keinen Kontakt zu ihrer Tochter zu bekommen und einen schrecklichen Fehler gemacht zu haben, den sie niemals wieder gutmachen konnte. »Ich wusste keinen anderen Rat«, sagte sie. »Also hab ich sie wieder mit nach Hause genommen.«

Amanda war eine Beziehung mit einem Mann eingegangen, den sie in ihrer Firma kennen gelernt hatte. Dadurch war Karen in dem fremden Haus oft mit einem Babysitter allein geblieben. Für diese Phase zeichnete Karen ein Haus, das sie »The House of Strangers« nannte.

In dieses Haus zeichnete sie sich selbst hinein, allein, und die Mutter wieder auf dem Weg hinaus. Sie zeichnete auch ein bräunliches Schulgebäude, in dem sie sich nicht wohl gefühlt hatte. »Ich bin mir total gescheitert vorgekommen, konnte die Sprache nicht, hatte keine Freunde und so weiter.«

Außerdem kam Karen damals gerade in die Pubertät und hatte begonnen, »Welpenspeck« anzusetzen. Dass ihre Mutter das kommentiert hatte, war für Karen ein Zeichen gewesen, dass sie ihr peinlich war. Sie verlor völlig den Halt und fühlte sich vollkommen allein. Karen hatte sich lange danach gesehnt, mit ihrer Mama zusammen zu sein, doch nun konnten sie nicht einmal miteinander reden. Karen fühlte sich verraten. Die Hoffnung, dass sie und ihre Mutter wieder zueinander finden würden, war zerstört. In schwachen Momenten blitzte noch ein Funken Hoffnung in ihr auf, aber sie hatte gelernt, ihn schnell und effektiv wieder auszulöschen. Die kostbare Hoffnung, die Karen früher durch schwere Zeiten gerettet hatte, aufgeben zu müssen, kombiniert mit Amandas Erfahrung, eine vollkommen unfähige Mutter zu sein, wurden zu einer stummen Geschichte, die zwischen ihnen stand.

»Das Haus der Einsamkeit«

Nach Karens und Amandas Norwegenurlaub im folgenden Sommer blieb Karen wieder bei den Großeltern zurück. Amanda hatte erkennen müssen, dass ihre Eltern langsam alt wurden, und rechnete damit, dass Karen nun groß genug war, um auf sich selbst aufzupassen und den Alten zudem eine Hilfe sein zu können. Karen war damals zehn oder elf Jahre alt.

Nachdem ihre Mutter wieder nach Kanada geflogen war, hatte Karen entdeckt, dass ihr Großvater ziemlich viel trank und die Großmutter sehr darunter litt. Er verließ selten das Haus, saß allein in seinem Sessel und trank, bis er einschlief. Es habe viel Streit zwischen den beiden Alten gegeben, nachdem Karen sie »verlassen« hatte, wie die Großmutter es ausdrückte. Karen musste nun feststellen, dass sich vieles im Leben der Großeltern verändert hatte. Sie waren alle drei einsam und traurig. Die Großmutter war unglücklich und ständig den verbalen Aggressionen des Großvaters ausgesetzt. Der Großvater war am Ende fast ständig betrunken.

Wieder war Karen allein. In der Zeit, in der sie in Kanada gewesen war, hatte sie auf eigentümliche Weise den Kontakt zu ihren Großeltern verloren. Sie erfuhr, dass sich die beiden Alten auch von ihr verraten gefühlt hatten, als sie mit Amanda weggegangen war. Sie hätten damals »beide Töchter« verloren, habe ihre Großmutter gesagt. Ein paar Jahre später starb der Großvater an seiner Alkoholkrankheit.

»Das leere Haus«

Karen zeichnete ein neues Haus. Hier wohnten nun die Großmutter und Karen allein. Sie nannte es »das leere Haus«. Nach dem Tod ihres Mannes baute die Großmutter rasch ab. Karen entdeckte, dass sie ständig starke Beruhigungsmittel nahm. Sie kam schließlich in ein Pflegeheim, wo sie wenige Monate später starb. Wieder musste Karen nach Kanada fliegen, wo ihre Mutter jetzt mit ihrem neuen Mann zusammenlebte. Dieses Mal fühlte sich Karen so unwohl, dass sie ausriss und zurück nach Norwegen floh. Sie war zu dem Zeitpunkt gerade erst fünfzehn geworden. In Norwegen wohnte sie zunächst im Haus der Großeltern. Sie schloss sich einer Clique von Jugendlichen an, die Drogen nahmen, und danach war der Weg in die Großstadt nicht mehr weit.

»Obdachlos«

Mit fünfzehn, sechzehn lebte Karen im Drogenmilieu einer großen Stadt, vollkommen allein und ohne eine einzige verlässliche Bezugsperson. Sie hatte begonnen, harte Drogen zu nehmen, und war schließlich als Prostituierte auf dem Straßenstrich gelandet. In dieser Phase hatte sie keinen Kontakt zu ihrer Mutter. Amanda hatte einige vergebliche Versuche unternommen, ihre Tochter zu finden, und wusste nicht mehr, wo sie war.

Karen zeichnete noch ein Haus, doch dieses Mal bestand das Haus aus einer Reihe von spitzen Dächern ohne voneinander abgetrennte Räume. Die vielen Dächer stellten die Stadt dar, in der sie kein bestimmtes Haus hatte, wo alles gleich war und es nichts gab, das sich als ihr eigenes von allem anderen abhob. Karen nannte die Zeichnung »Obdachlos«. Sie hat auf irgendwelchen Toiletten übernachtet, auf der Straße, im Hospiz oder bei Männern, die sie sexuell ausnutzten. Karen war heimatlos geworden, ohne irgendeine Zugehörigkeit. Die ewige Wanderung durch die Straßen, die Jagd nach dem Stoff war nun zu ihrer einzigen Aufgabe geworden.

In dieser »Straßenphase«, wie Karen es nannte, hat sie unter Alpträumen gelitten, in denen immer wieder die Männergestalt auftauchte, die sie neben die Wand des »Hauses, in dem alles begann« gezeichnet hatte. Früher habe sie geglaubt, dieser Mann habe sie möglicherweise als Prostituierte missbraucht und vielleicht auch misshandelt. »Ich war so besessen von dieser Figur«, sagte Karen, »dass ich viele merkwürdige Dinge tat, um mit ihm in Kontakt zu kommen.« Sie erzählte, sie habe Zeremonien inszeniert, bei denen sie sich mit Drogen voll gepumpt und dann mit einer Rasierklinge die Innenflächen ihrer Hände eingeritzt habe. »Ich war irgendwie fast hypnotisiert«, sagte sie, »und hab dann dagesessen und zugesehen, wie das Blut geflossen ist. Es hat wehgetan, aber das war gerade gut, denn dann hab ich mich irgendwie aufgekratzt gefühlt, irgendwie lebendig.«

Ich fragte sie, ob es jedes Mal auf die gleiche Weise geschehen sei, was sie bejahte. Ich dachte im Stillen, dass es sich um ein selbst inszeniertes, fast autistisches Ritual[3] gehandelt hatte, das ihre Existenz bestätigte. Am eigenen Körper Schmerzen zu fühlen hatte ihr bestätigt, dass sie lebte[4], und ihr ein Gefühl von eigenem Wert gegeben. »Während der Zeremonie hab ich mich dem Mann in meinen Träumen nahe gefühlt, ich hatte irgendwie einen heimlichen Kontakt zu ihm, irgendwie so, als würde ich ihm etwas bedeuten.« Amanda sah Karen sehr aufmerksam und erschrocken an. Sie wischte sich die Tränen aus den Augen.

In einem unserer letzten Gespräche berichtete Karen schließlich, dass sie im Laufe unserer Zusammenarbeit herausgefunden habe, wer die Männergestalt war. Es sei ihr Vater, die Person, über die in ihrer Familie nicht gesprochen werden durfte. Deshalb, so glaube sie, habe sie immer das Gefühl gehabt, dass er sich nicht einmal in ihren Träumen zu erkennen geben dürfe, weder ihr selbst gegenüber noch gegenüber anderen. Diese Person war für Karen die Inkarnation eines verschwiegenen Wissens. Sie hatte gedacht, sie habe einen Vater wie alle anderen auch, und so wurde der »Schatten an der Hauswand« geschaffen. Der Schatten war für sie eine bis jetzt ungenutzte Quelle der Zugehörigkeit und der Hoffnung. Vielleicht dachte er ja an sie und wünschte sich, mit ihr in Kontakt zu treten? Jedes Mal, wenn sie als kleines Mädchen versucht hatte, nach ihrem Vater zu fragen, war sie abgewiesen worden. Es gab keine Möglichkeit, über diese Person zu sprechen, und die Großmutter hatte behauptet, niemand in der Familie würde sie kennen. Im Hause der Großeltern war es verboten, von ihr zu sprechen.

Amandas Geschichte

Jetzt erzählte Amanda die Geschichte von Karens Vater. Karen saß völlig unbeweglich da und lauschte gebannt.

Amanda und Karens Vater hatten sich in sehr jungen Jahren ineinander verliebt. Er hatte in einer Autowerkstatt gearbeitet und kam aus einem benachbarten Dorf. Seine Familie war sehr kinderreich und galt als arm. Er hatte keine Ausbildung. »Ich sei aus besserem Hause als er, haben meine Eltern behauptet. Als ihr einziges Kind sei ich für ein besseres Leben geschaffen, als er es mir bieten könne. Deshalb wollten sie, dass ich die Verbindung zu ihm abbreche. Es sei das Beste, ich würde an einen anderen Ort gehen, wo wir uns nicht treffen konnten und ich meine Ausbildung fortsetzen konnte.«

In der Zeit nach Karens Geburt hatte sich der Mann oft abends zum Haus ihrer Eltern geschlichen, in der Hoffnung, einen Blick auf Amanda und Karen zu erhaschen. Er war nicht bereit, die beiden aufzugeben, doch Amandas Eltern waren stark und blieben hart. Sie drohten, ihr nicht mit dem Kind und bei der Ausbildung zu helfen, wenn sie nicht versprach, die Beziehung völlig abzubrechen. Sie malten sich die Zukunft ihrer Tochter in leuchtenden Farben aus und versicherten ihr, dass sie bald einen viel besseren Mann treffen werde, der ihr und dem Kind ein würdiges Leben bieten könne. Danach wurde in Amandas Familie nie wieder über Karens Vater gesprochen. Jedes Mal, wenn die kleine Karen nach ihrem Vater gefragt hatte, war ihr der Mund verboten worden. Karens Vater hatte Amanda mehrmals geschrieben, doch ihre Eltern hatten seine Briefe abgefangen und ungeöffnet zurückgeschickt. Auf diese Weise wurde der Kontakt zwischen dem Kind und seinem Vater von Anfang an verhindert.

Es gelang Karen und Amanda, ein großes Stück ihrer Geschichte nachzuerzählen. Nach ein paar Wochen flog Amanda nach Kanada zurück. Doch vor ihrer Abreise hatten die beiden konkrete Pläne geschmiedet, wie sie miteinander in Kontakt bleiben wollten. Amanda hatte genug Geld und wollte ihre Tochter in jeder Hinsicht unterstützen, auch finanziell. Nachdem unsere Gespräche beendet waren, wirkte Karen fröhlicher, sie redete mehr und begann, ihr neues Leben außerhalb des Drogenmilieus als etwas Realistisches zu betrachten.

Familienkultur als Erbe von Generationen

Die verschwiegenen Geschichten in dieser Familie waren von einer Familienkultur geprägt, die über mehrere Generationen hinweg gewachsen war und das Reden über Dinge, die nicht den lokalen Normen und Ideologien entsprachen, nicht erlaubte. Das äußere Bild und der soziale Status der Familie waren wichtiger als die Frage, wie es den Familienmitgliedern ging und was Amanda und ihre Tochter selbst dachten und fühlten. Der Wille und die Ideologie der Großeltern waren so mächtig, dass der biologische Ursprung und die Zugehörigkeit des Kindes – ebenso wie Amandas Liebesbeziehung – den Vorstellungen von ihrer gesellschaftlichen Position untergeordnet wurden. Sie hegten keinerlei Zweifel daran, was für die Mutter und das Kind am besten sei, und dieser Überzeugung folgten Taten.

Daraus entwickelte sich eine stumme Geschichte, die für Karens und Amandas Leben schwerwiegende Konsequenzen haben sollte. Während die Großeltern noch lebten, wurden diese Mechanismen nie reflektiert. Amanda folgte blind den Wünschen der Eltern, fast könnte man sagen, dass sie ihr eigenes Kind dem Kontrollbedürfnis ihrer Eltern opferte. In unseren Gesprächen brachte Amanda zum Ausdruck, sie habe Karen oft schmerzhaft vermisst, hätte sich aber von ihren Eltern von ihrem Platz als Mutter verdrängt gefühlt. Allerdings hatte sie ihre Eltern nie damit konfrontiert. Auch das war zu einer stummen Geschichte zwischen Amanda und ihren Eltern geworden und sollte sich als eine solche bis in die nächste Generation weiter fortpflanzen. »Die Unzulänglichkeit, die ich als Mutter empfunden habe, hat wie ein starkes Gefühl des Versagens in mir gesessen und mir niemals Ruhe gelassen«, sagte Amanda.

Als sie älter wurde, hat Amanda eine große Wut auf ihre

Eltern verspürt. Und als sie zu ahnen begann, wie sehr Karen auf die schiefe Bahn geraten war, hatte sie das Gefühl, ihr kindlicher Gehorsam habe sich schließlich gegen sie gewendet. Doch sie wollte ihren Eltern dieses Gefühl nicht zeigen, denn sie hatten ihr ja nur helfen wollen. Sie war nicht in der Lage gewesen, sich ihren starken Meinungen zu widersetzen. »Es war sowieso unmöglich durchzukommen. Ich habe mich fast gefühlt, als wäre ich nur dazu da, ihnen durchs Leben zu helfen, ohne jeden Protest.«

Viele verschwiegene Geschichten waren hier ineinander verwoben. Amandas Vater war ein kontrollwütiger und sehr fordernder Mann gewesen, der Chefideologe der Familie. Ihre Mutter hatte nie an der Richtigkeit seiner Einstellungen gezweifelt und war seinen Anweisungen gefolgt. Amanda hatte dasselbe getan: zunächst als ihre Eltern sie zum Bruch mit Karens Vater zwangen, später dann, als die Eltern Karen übernahmen, als sei sie ihr eigenes Kind.

Die fehlende Generationsgrenze

Der Mangel an vertrautem Kontakt zwischen Amanda und ihren Eltern wirkte sich auch negativ auf das Verhältnis zwischen Amanda und Karen aus. Die Mutter-Kind-Beziehung war gestört. Dies wurde zu einem wichtigen Thema, sowohl im Therapieraum als auch in dem Prozess, der sich zwischen Mutter und Tochter im Laufe der Gespräche entwickelte.

Die fehlende Grenze zwischen den Generationen war ein stummes Thema. Die Großeltern hatten es offenbar für natürlich gehalten, Amandas Kind zu übernehmen, sodass Amanda ihren Tochterstatus und sie ihren Elternstatus behalten konnten. Durch die Aufrechterhaltung dieser Struktur besaßen die Großeltern viel Macht und Kontrolle über die beiden nächsten Generationen. Sowohl Amanda als auch Karen hatten häufig darauf hingewiesen, dass die Großeltern Mutter und Tochter als »unsere Mädchen« oder »unsere Töchter« bezeichnet hatten, so als seien sie Geschwister.

Ebenfalls nicht ausgesprochen wurde, dass Amanda den stillschweigenden Druck ihrer Eltern, »ihnen Karen nicht wegzunehmen«, als eine Verpflichtung empfunden hatte. Im Nachhinein fühlte sie sich schuldig, weil sie Karen nicht mitgenommen und bei sich behalten hatte, den Vorstellungen ihrer Eltern zum Trotz. Obwohl die Eltern Amanda ermuntert hatten, in die Stadt zu ziehen und eine Ausbildung zu absolvieren, machte sie ihnen einen Strich durch die Rechnung, als sie ins Ausland ging. Amanda und Karen waren ihr ganzer Lebensinhalt gewesen, und als nun beide nicht mehr da waren, bauten sie schnell ab. Karen und Amanda spielten im Haus der alten Leute eine Rolle als Funktionsträger. Amanda sollte ihre Karrierewünsche erfüllen und ihren Platz im Klassensystem des lokalen Milieus aufrechterhalten. Nach außen ernteten die Großeltern Bewunderung dafür, wie viel sie für ihre Tochter und ihr Enkelkind opferten. Dass Amanda die elterlichen Anweisungen, wie sie und ihre Tochter ihr Leben zu gestalten hatten, so gehorsam befolgte, zeugt von der mangelnden Individuation[5] in der Familie.

Karen landete schließlich in der Suchttherapie, deren institutionelle Struktur den herrschenden politischen und ideologischen Rahmenbedingungen der Gesellschaft unterliegt, die selbst durch stumme und, meiner Meinung nach, sehr oberflächliche Vorstellungen von der Rehabilitation dieser stark belasteten Gruppe junger Menschen geprägt ist. Karens Geschichte ist ein Beispiel dafür, wie komplex und vielschichtig eine gewöhnliche Suchtgeschichte sein kann. Unter den Bewohnern der Einrichtung war wohl niemand, der nicht schweren Traumatisierungen ausgesetzt war, in unterschiedlichem Ausmaß an Gedächtnisverlust litt oder schwerste psychische Probleme hatte. Karen funktionierte als Bewohnerin der Einrichtung sehr gut. Sie befolgte die Regeln. Sie protestierte nicht. Sie tat, was die Regeln ihr diktierten. Außerdem sprach sie sehr wenig – auch in dieser Hinsicht war sie nicht anspruchsvoll. Paradoxerweise war es eben diese extreme Schweigsamkeit, die sie in die Therapie gebracht hatte.

Nachträgliche Reflexionen

In der Suchttherapie in Norwegen ist es gängig, Drogenabhängige als Bewohner einer Einrichtung und nicht als Patienten zu betrachten[6]. Die Bezeichnungen *Bewohner* und *Patient* beruhen auf unterschiedlichen Ideologien und Kriterien dafür, was den Bezeichneten fehlt und welche Maßnahmen nötig sind, um ihre Probleme zu beseitigen.

Ein kranker Mensch braucht Hilfe und eine Behandlung, um wieder gesund zu werden. Ein Bewohner hingegen ist nicht als Kranker definiert und wird in eine Einrichtung eingewiesen, in der erwartet wird, dass er unter dem Einfluss von Erziehung das, was er vor der Einweisung war, zu etwas anderem umgestaltet. In der Suchttherapie sollen die Bewohner aufhören, die chemischen Stoffe einzunehmen, die sie vorher gewöhnlich konsumiert haben. Doch viele Drogenabhängige haben eine lange Geschichte ernster psychosozialer und psychischer Erkrankungen hinter sich, die ebenfalls behandelt werden müssen.

Karens Geschichte beleuchtet, wie wichtig es ist, auch Drogenabhängige als Menschen zu betrachten, die eine Behandlung für ihre vielschichtigen psychischen Probleme brauchen. Dabei ist ausschlaggebend, dass sie auch nach der Rehabilitierungsphase in einer Institution weiterbetreut werden, ebenso wie Patienten mit anderen psychischen Störungen.

Das Phänomen des Drogenmissbrauchs betrifft nicht nur Einzelpersonen, die auf die schiefe Bahn geraten sind, sondern in selbem Maße die Gesellschaft, in der sie und wir anderen leben. Bei der Rehabilitation geht es nicht nur um einzelne Institutionen mit ihren Stärken und Schwächen, sondern ebenso um bewusste und unbewusste politische Ideologien und um den mangelnden Willen, für die Schwächsten in der Gesellschaft Verantwortung zu übernehmen.

Die institutionelle Suchttherapie in Norwegen kann auf eine lange Geschichte zurückblicken, die sich durch den Mangel an Maßnahmen zur Weiterentwicklung im Bereich der Diagnostik und Behandlung der häufig psychisch schwerkranken Drogenabhängigen auszeichnet. Die zuständigen Institutionen haben normalerweise die Familien nicht mit einbezogen, obwohl dies heutzutage durchaus verbreitet ist. Viele Familien haben die jungen Drogenabhängigen auch fallen lassen, weil sie der Belastung nicht gewachsen waren.

Zur Behandlung von Drogenabhängigen

Die Süchtigen selbst erleben sich als abhängig von chemischen Stoffen. Diese Stoffe sind etwas, das ihr Körper einfordert. Nun können chemische Stoffe allein schon schwere Geisteskrankheiten auslösen. Allerdings sind die psychischen Wirkungen und Nachwirkungen solcher Stoffe und des Lebens in Abhängigkeit allgemein bei der Suchttherapie nur wenig beachtet worden. Viele Patienten haben die Institutionen ohne adäquate Behandlung durchlaufen. Die heutige Suchttherapie ist möglicherweise, ohne dass in der Gesellschaft offen darüber diskutiert wurde, das Resultat einer Ideologie, der für die Behandlung Suchtkranker eher ein Gefängnis, eine Sonderschule oder eine pädagogische Einrichtung vorschwebt, als eine psychologische Gesundheitsvorsorge, in der auch psychische Störungen im Blickpunkt stehen und behandelt werden.

Die Bewohner der Institutionen lernen, sich anzuziehen, sich zu waschen, ihr Zimmer aufzuräumen, zu verschiedenen Gruppentreffen zu erscheinen, Verabredungen einzuhalten usw. All dies ist gut und richtig. Was allerdings gefehlt hat, ist eine fachlich fundierte psychologische und psychiatrische Betreuung für jene, die sie nötig hätten, sowie Hilfe, um die Verbindung und die Verbundenheit mit ihren Familien und anderen sozialen Netzwerken außerhalb des Drogenmilieus wiederherzustellen. Die meisten Abhängigen haben schwere Traumen mit wiederholten demütigenden und zutiefst kränkenden Erfahrungen hinter sich, für deren Bearbeitung sie Hilfe benötigen. Die meisten leiden an unterschiedlichen Formen von Depression, viele auch an Psychosen (schweren Geisteskrankheiten), ohne dafür eine spezifische Behandlung zu erfahren.

Ein Teil dieser Strukturen hat seine Wurzeln in den Sechziger- und Siebzigerjahren, als in vielen Einrichtungen die Verhaltenstherapie eine populäre Behandlungsmethode war. Sie befasste sich nicht mit den spezifischen Anliegen der jungen Menschen wie Angst, Depression, sozialen und Beziehungsproblemen, sondern konzentrierte sich darauf, ein bestimmtes Verhalten hervorzurufen oder zu hemmen, je nachdem was die Institution für gute Erziehung hielt. Diese Behandlungsform führte nicht zur wünschenswerten Selbstständigkeit der Drogenabhängigen. Im Gegenteil: Sie wurden geformt, ohne sich selbst darüber im Klaren zu sein, was mit ihnen geschah. Der ihnen eingebläute Gehorsam wirkte allerdings spätestens dann destruktiv, wenn sie aufgrund fehlender sozialer Zugehörigkeiten nach ihrer Entlassung aus der Einrichtung schnell wieder ins Drogenmilieu zurückkehrten.

Das Institutionalisierungsgespenst[7] lag nicht nur auf der Lauer, sondern erfasste sicherlich die allermeisten Betroffenen und hielt sie fest im Griff, in einem ewigen Hin und Her zwischen Drogenmilieu und Einrichtungsmilieu. Es war zu erwarten, dass sie den erlernten Gehorsam auf das Drogenmilieu übertrugen, wenn sie nach dem Entzug dorthin zurückkehrten.

In den letzten Jahren hat sich das verhaltenstherapeutische Denken verändert und lässt oft zusätzliche andere Maßnahmen neben sich gelten. Es ist nicht meine Absicht, die Maßnahmen, die in der Suchttherapie durchgeführt werden, abzuwerten. Im Alltag Routinen und Strukturen zu etablieren, Ansprüche an die Hygiene zu stellen, die Teilnahme an sozialen Aktivitäten und die Übernahme von Verantwortung für die eigene Sauberkeit und Ernährung zu fordern, heißt grundlegende Werte zu vertreten, die für diese Gruppe junger Menschen ebenso wichtig sind wie für alle anderen, die lernen sollen, auf sich selbst aufzupassen. Es ist jedoch offensichtlich, dass die Bearbeitung der persönlichen, oft traumatischen und emotionsgeladenen Erfahrungen dieser jungen Menschen nicht selbstverständlich gewährleistet und genügend in den Rehabilitierungsprozess eingebunden war.[8]

Gegen die verschwiegene Ideologie in der Gesellschaft

Besonders wenn es um die Behandlung – oder den Mangel an Behandlung – von Suchtkranken geht, gibt sich unsere Gesellschaft alle Mühe, den stillschweigenden Glauben an die idyllischen Lebensbedingungen unserer Kinder und Jugendlichen aufrechtzuerhalten. Suchtkranke passen nicht in das Idealbild einer starken, gesunden und wohlerzogenen Jugend im norwegischen Wohlfahrtsstaat.

Drogenabhängige bedeuten natürlich für jede Gesellschaft

mit einem gewissen Selbstbewusstsein eine Herausforderung, und wir haben die unglaubliche Fähigkeit besessen, sie viele Jahrzehnte lang zu übersehen. Durch ihre Präsenz in der Öffentlichkeit sind die Suchtkranken dennoch sichtbar. Auf die ihnen eigene irritierende und unverschleierte Weise vermitteln diese jungen Menschen die Botschaft, dass hier bei uns möglicherweise etwas ganz fürchterlich im Argen ist, direkt vor unserem eigenen Wohnzimmerfenster. So mancher brave Bürger oder Politiker ist schon an einem verschneiten Winterabend nach einem üppigen Weihnachtsfest im Zentrum der Städte an steif gefrorenen, hungrigen und kranken Junkies vorbeigekommen, ohne sich etwas anderes anmerken zu lassen als die Irritation darüber, dass diese Leute die Weihnachtsstimmung stören und vom Straßenbild entfernt werden müssten.

Im Auseinanderklaffen von Idealbild und Wirklichkeit dieser Gesellschaft liegen stumme Themen verborgen, die an die Oberfläche zu holen sehr schwer sein kann. Dementsprechend prägen auch eher halbherzige Maßnahmen den gesellschaftlichen Umgang mit den Drogensüchtigen.

Die Zahl der Suchtkranken steigt, trotz der ebenfalls steigenden Zahl von Drogentoten. Verwahrung und korrigierende Rehabilitierung in Einrichtungen reichen nicht aus. Wenn die Suchttherapie so schlechte Resultate aufweist, so ist das nicht auf individuelle Fehler in der Erziehung oder auf »fehlende Motivation« bei den Betroffenen zurückzuführen. Der Grund ist eher das fehlende Verständnis für die komplexen Beziehungen, die das Leben der Drogenabhängigen beeinflussen, sowie eine entsprechend fehlgeschlagene Organisation und Durchführung der Rehabilitierungs- und Therapiemaßnahmen. Deshalb ist es wichtig, dass die verantwortlichen Organe sich einen Einblick in die Problematik der Suchtkranken und ihrer Familien verschaffen und zuhören, was diese selbst über ihre Probleme zu sagen haben.

Für die jungen Suchtopfer geht es – wie für alle anderen Menschen – darum, Zugehörigkeit und Verbundenheit zu erleben und Erfolg zu haben, jedenfalls ab und zu.

Nachwort

Herausforderungen für den Therapeuten

Ich habe in diesem Buch von der psychotherapeutischen Arbeit mit Menschen aus sehr verschiedenen Kontexten und mit den unterschiedlichsten Problemen berichtet. Die psychotherapeutische Forschung sucht ständig nach universellen und standardisierten Annäherungen, um diese Probleme zu lösen. Doch auch im Therapieraum ist jeder Mensch anders und reagiert unterschiedlich auf Geschehnisse oder Beziehungen. In der praktischen psychotherapeutischen Arbeit sind deshalb in jeder Therapiesituation individuelle und flexible Annäherungen erforderlich.

Häufig liegt die Schwierigkeit darin, dass zunächst selten klar ist, worauf die Probleme beruhen, wie man sie verstehen kann, was behandelt werden soll und wie. Die Idee, dass sich die Lösung eines Problems, wenn man die Ursache gefunden hat, fast von selbst ergibt, ist falsch, wenn es um Menschen geht. Meistens gibt es komplizierte Erklärungsmuster und eine Vielfalt an möglichen Vorgehensweisen. Therapie ist in erster Linie eine Wanderung durch Vorstellungen von Gut und Böse, Ursache und Wirkung, Glauben und Wissen, Gedanken, Gefühlen und Handlungen. Das geschieht durch Gespräche – durch ein Ausdrücken, Zuhören und Gestalten in Gemeinschaft mit anderen. Therapie ist dann am wirksamsten, wenn es gelingt hervorzuholen, was früher nicht zugänglich war, es zu beleuchten und zu verstehen. Die Jagd nach einem wahren Gefühl und einer Lösung wird also abgelöst durch das suchende Gespräch zwischen Klienten und Therapeuten, das eine größere Freiheit ermöglicht, eine Sache von unterschiedlichen Seiten zu betrachten.

Voraussetzungen für einen Dialog

Die respektvolle Haltung, dass alle eine Stimme haben, die gehört werden soll, ist von entscheidender Bedeutung. Ein Therapeut muss eindeutig klarstellen, dass im Therapieraum alle das Recht auf eine eigene Meinung haben und sie auch äußern dürfen. Als Therapeuten müssen wir auf jegliche Art von Vorurteilen achten, und zwar auch bei uns selbst.

Damit Klienten aktiv am Gespräch teilnehmen können, müssen sie wissen, dass auch die Therapeuten zuhören und ihnen mit Respekt begegnen. Therapeuten müssen auch zu sozialen und materiellen Lebensbedingungen ihrer Klienten Stellung beziehen. Das betrifft unter anderem die Wechselwirkung zwischen persönlichen Verhältnissen und äußeren Einflüssen: wenn beispielsweise ein Kind in der Schule gemobbt oder in der Nachbarschaft gepiesackt wird, weil sein Papa oft betrunken nach Hause kommt, oder wenn Eltern es sich nicht leisten können, die Kinder an schulischen Aktivitäten teilnehmen zu lassen, Geburtstagsfeiern zu arrangieren usw. Oft sind es heftige Konflikte unter den Erwachsenen, die auch das Leben der jungen Menschen stark belasten. Der Therapieraum stellt zwar einen besonderen, geschützten Ort dar, doch auch die Welt außerhalb dieses Raumes ist in höchstem Maße wirklich. Die Themen, die unsere Patienten in ihrem Alltag beschäftigen, tun das meistens auch in der Therapie.

Verantwortung, Macht und Ethik

Jedes Mal, wenn ein Therapeut im Therapieraum eine Gesprächssituation eröffnet, greift er aktiv in das Leben von Menschen und in ihre Beziehungen ein. Das bedeutet Verantwortung. Solche Eingriffe können nicht mehr weggewischt werden, wenn die Arbeit erst einmal begonnen hat. Sie werden die Betroffenen beeinflussen, im Guten wie im Schlechten. Insofern tragen sowohl Klient als auch Therapeut eine persönliche Verantwortung und haben eine wechselseitige ethische Verpflichtung. Nur unter dieser Voraussetzung kann der Prozess zu Änderungen führen, die von den Betroffenen als positiv erlebt werden, und wird nicht Gefahr laufen, dem Klienten zu schaden oder ihn zu entwerten.

Diese Beziehung beinhaltet für Therapeuten und Klienten allerdings auch ein gewisses Risiko. Der Therapeut steht möglicherweise, ohne es zu wissen, einem Menschen gegenüber, der kurz davor ist, sich das Leben zu nehmen oder sich selbst oder anderen Schaden zuzufügen. Das ist wahrscheinlich die schlimmste Situation, in die ein Therapeut geraten kann.

Wie immer sich die Situation auch gestaltet, sind Begegnungen zwischen Klienten und Therapeuten stets etwas sehr Ernstes. Beispielsweise ist es eine schwerwiegende Sache, wenn ein Klient die Therapiesituation verlassen muss, weil er sich bei dem Therapeuten als gescheitert erlebt oder das Gefühl hat, von ihm nicht respektiert zu werden. Bei einem Patienten, der sich sowieso schon wertlos fühlt, kann das dazu beitragen, dass er auch noch die kleine letzte Hoffnung verliert, die ihn dazu bewogen hatte, Hilfe zu suchen.

Andererseits können Therapeuten auch, ohne sich darüber im Klaren zu sein, in versteckte Machtspiele verwickelt werden. Starke Menschen bestimmen oftmals »das Rennen«, ohne dass andere zum Zuge kommen. Ihre Meinung sticht dann am deutlichsten hervor und steht möglicherweise als einzige Wahrheit im Raum. Es kann durchaus vorkommen, dass ein Therapeut in solche machtvollen und oft überzeugenden Darstellungen mit hineingezogen wird. Hier sündigen Therapeuten oft mehr durch das, was sie unterlassen, als durch das, was sie tun. In Fällen, wo ein Therapeut auf einen psychischen Übergriff oder auf die Abwertung eines anderen nicht reagiert, deuten die Anwesenden sein Schweigen schnell als Legitimierung des Geschehenen. Solche Konstellationen können sehr destruktiv sein und für einen oder mehrere Betroffene ungünstige Folgen haben. Im schlimmsten Fall können sie dazu führen, dass alle Entscheidungen und Lösungen auf einer falschen Grundlage basieren. Lügen und Verzerrungen kommen auch im Therapieraum vor, ebenso wie in Gerichtssälen oder anderen Räumen, in denen Menschen schwierige Dinge miteinander verhandeln. Und sie treten vor allem dann auf, wenn starke Gefühle im Spiel sind.

Dialoge zwischen Menschen, die in einer engen und konfliktreichen Beziehung zueinander stehen, enthalten oft schmerzhafte, unbarmherzige und böse Worte, meistens aus dem verzweifelten Wunsch heraus, gehört und verstanden zu werden. Es ist Aufgabe des Therapeuten, den Dialog so zu steuern, dass ihn niemand als bedrohlich erlebt, auch nicht das schwächste Mitglied der Gruppe. Der Therapeut muss mit den Schwächsten, die oftmals nicht sprechen, sehr respektvoll umgehen, ebenso wie mit allen anderen auch. Zugleich hat ein Therapeut jedoch auch die Aufgabe, seine Wertschätzung für diejenigen zu vermitteln, die zu reden bereit sind und dadurch dazu beitragen, das Schwierige sichtbar zu machen. Der therapeutische Prozess baut hauptsächlich auf dem verbalen Dialog auf, während im Schweigen der Schmerz verborgen und gegen ein Eindringen und eventuelles Eingreifen geschützt wird. Gerade hier, im inneren Raum des Schweigens, wird Schambesetztes konserviert und Entwicklung verhindert.

Deshalb ist es wichtig, sowohl die verschwiegene als auch die ausgesprochene Seite einer »Geschichte« wahrzunehmen.

Ein Therapeut, der indirekte Annäherungsformen verwendet, wie beispielsweise Metaphern, Gleichnisse, parallele Geschichten, verwunderte Nachfragen oder konstruierte Rituale, kann diese vielseitige Bewegung anstoßen, ohne damit jemanden vor den Kopf zu stoßen. Es ist mir hoffentlich gelungen, solche Arbeitsweisen in diesen Geschichten zu illustrieren. Eine indirekte Annäherung erfordert in jedem Fall Umsicht und Sorgfalt. So mag beispielsweise etwas, das nach fünf Sitzungen leicht in den Prozess eingegliedert werden kann, in der ersten Sitzung sehr unglücklich wirken, und umgekehrt.

Gefühle im Therapieraum

Die Gespräche finden hauptsächlich im Therapieraum statt. Das Wort Therapieraum wird hier als Sammelbegriff für Räume verwendet, in denen Gespräche und Interaktionsprozesse zwischen einem oder mehreren professionellen Psychotherapeuten oder Sozialarbeitern und ihren Klienten stattfinden. Es sind Räume, in denen es erlaubt ist und sogar erwartet wird, dass man über höchst persönliche Dinge spricht. Dabei kann es sich um Themen handeln, die vorher noch nie zur Sprache kamen. Allen solchen Themen ist gemeinsam, dass der Inhalt von den Anwesenden häufig tabuisiert wird, schwierig auszudrücken oder auf unerträgliche Weise mit Schamgefühlen oder Kränkung besetzt ist. In manchen Fällen erscheint es auch gefährlich, sich ihm zu nähern.

Oft geht es um Schwierigkeiten zwischen Menschen, die eng miteinander verbunden sind. Die Bindungen sind häufig in äußeren Strukturen verankert, in denen sich die Menschen gegen ihren Willen gefangen fühlen, zum Beispiel biologische Verwandtschaft, »Sünden«, die von einer Generation auf die nächste übertragen werden, Krankheiten, juristische Sachverhalte, religiöse Zugehörigkeit, wirtschaftliche und politische Verhältnisse, festgelegte kulturelle Normen und Ähnliches. Doch häufig geht es auch um festgefahrene innere Beziehungen, zum Beispiel in Familien, wo enge und starke emotionale Bande Menschen auf Gedeih und Verderb aneinander fesseln.

Spannungen können auch auftreten zwischen einer Gruppe von Menschen, die einander nahe stehen, und den Verhältnissen außerhalb der Gruppe. Solche Spannungen entzünden sich häufig an kulturellen Bräuchen, Glaubensinhalten und Ähnlichem. Die übergeordnete Kultur beruft sich oft auf unausgesprochene Werte und Normen, die von der kleinen Gruppe als fremd und unverständlich erlebt werden. In solchen Situationen ist die kleine Gruppe sehr verletzbar. Ein Therapeut läuft dann leicht Gefahr, seine eigenen Werte als angemessener zu empfinden, auch wenn sie mit der Gruppen- und Kulturzugehörigkeit der Klienten in Konflikt geraten. Bei der Behandlung von Kindern ist es oft besonders wichtig, darauf zu achten, dass das Zugehörigkeitsgefühl des Kindes zu seinem direkten Umfeld (Kindergarten, Schule, Familie usw.) respektiert wird. Das Gefühl von Familienidentität und kultureller Zugehörigkeit sollte immer als Ressource betrachtet werden und kann, wenn nötig, auch als Grundlage für eine Teilhabe an der fremden Kultur dienen.

Im Therapieraum begegnen wir manchmal Menschen, die sich von anderen ausgestoßen fühlen, in sozialer Isolation leben und keine sinnvollen Kontakte zu haben vermeinen. In manchen Fällen stehen dabei festgefahrene Beziehungen und Konflikte im Hintergrund, die den Betreffenden die Kräfte rauben. Das Problem hier ist nicht fehlendes Wissen oder die Unfähigkeit, sich auszudrücken, sondern es geht eher um die Schwierigkeit, sich einem Gefühlszustand anzunähern, der den Dialog erfordert.

Im Therapieraum zeigt sich, dass sogar der Sprachbegabteste in einer persönlichen Krise sprachlos sein kann. Seine normalerweise sehr differenzierte Sprache reicht oft nicht aus, wenn es darum geht, über tiefgehende und emotional belastende Themen zu sprechen. In engen Beziehungen kann die Einsicht eines Außenstehenden nötig sein, um eine Änderung zum Besseren zu bewirken. Oft sind Gefühle die Grundlage dafür, wie ein Mensch denkt und sich anderen mitteilt. Auch wenn diese Gefühle nicht verbalisierbar sind, bestimmen sie sehr weitgehend, wie sich ein Mensch in einem Konflikt verhält.

Traumatische Erfahrungen

Manche Menschen tragen Erfahrungen mit sich herum, über die sie nicht sprechen können, weil sie möglicherweise nicht die Kraft dazu haben. Manche dieser Erfahrungen sind traumatischer Art, das heißt sie sind mit großen psychischen Belastungen verbunden, an die der Betroffene sich nicht heranwagt. Manchmal sind sich Klienten auch selbst darüber im Klaren, dass sie etwas mit sich herumtragen, das zu erwähnen nicht klug wäre oder für das sie keine Worte haben. Sie brauchen Hilfe, um darüber zu sprechen.

Menschen mit solchen Problemen haben oft Angst, von ihrem Therapeuten abgewiesen zu werden, oder befürchten, dass der Therapeut die Belastung nicht erträgt, wenn er ihre furchtbare Geschichte hört. Die Betroffenen fühlen sich dann schnell mit ihren Traumen noch isolierter. Es kann eine Weile dauern, bevor der Klient in der Lage ist, von den traumatischen Erfahrungen zu berichten. Dann ist es wichtig, dass es dem Therapeuten gelingt, seinen Klienten so weit wie nur möglich durch das Geschehen zu begleiten. Manchmal reicht es aus, wenn der Klient erlebt, dass der Therapeut ihn wegen seiner Traumatisierung nicht als vollkommen zerstört oder als hoffnungslosen Fall betrachtet. Die Einstellung, dass er nicht vergessen muss und dass es erlaubt ist, beschädigt zu sein und mit seiner Schädigung weiterzuleben, kann dem Klienten in seinem Leben deutlich helfen. Möglicherweise ist es sinnvoll, ihm ausdrücklich zu erlauben, über seine Schädigung zu sprechen, wenn er selbst sich dafür entscheidet. Niemand kann jedoch eine Äußerung über das erlebte Leid eines Menschen *einfordern*.

Zusammenarbeit mit dem Gehirn

Man kann therapeutische Prozesse, wie ich es schon beschrieben habe, durch Metaphern, parallele Beispiele, Gleichnisse, Gedankenexperimente, konstruierte Rituale und andere nonverbale Ausdrucksformen befördern. In mehreren der hier nacherzählten Geschichten werden solche Mittel angewandt, die sich durch ihr schöpferisches Element nicht der gewohnten Bahnen und Kanäle zum Bewusstsein bedienen. Eine solche Annäherung kann neue Verbindungen zwischen Gehirnstrukturen aktivieren und Verbindungen (Assoziationen) zwischen den und außerhalb der etablierten Bahnen herstellen. So ist es möglich, die Aktivierung bedrohlicher Gefühle zu vermeiden und diese in gewöhnlichere und nicht bedrohliche Prozesse überzuleiten. Durch die unterschiedlichen Assoziationstechniken verwandeln sich verdrängte und traumatische Erfahrungen von etwas Erstarrtem in etwas Bewegliches, was wiederum zu Veränderung führt.

Die Verwendung von metaphorischen Bildern oder Ritualen ermöglicht es, mit der unausgesprochenen Geschichte der Klienten in Berührung zu kommen und darin ein Stück Bewegung zu erzeugen. Eine gewisse »Undeutlichkeit« kann in Fällen, wo es um etwas sehr Schmerzhaftes geht, beruhigend wirken. Wenn Menschen den Mut haben, von etwas zu erzählen, das bedrohlich war oder ist, muss man das Schmerzhafte manchmal einpacken und sich ihm in einer geschützteren Form nähern. Dies ist nicht nur dann wichtig, wenn es schmerzhafte Gefühle einzudämmen gilt, sondern es kann auch verhindern, dass die physiologische Abwehr im Gehirn aktiviert und damit der Zugang zum »Vergessenen« blockiert wird. Durch indirekte, nicht bedrohliche Annäherungen wird es der Großhirnrinde mit der Zeit möglich sein, Erinnerungen zuzulassen, die sonst als zu bedrohlich betrachtet worden wären. Anhand von Gleichnissen, unfertigen Aussagen, Geschichten von vergangenen Geschehnissen usw. kann man einem ansonsten eingekapselten und verschwiegenen Inhalt möglicherweise am nächsten kommen.

Die vorsichtige Vorgehensweise stellt nicht nur sicher, dass der Klient selbst die Dosierung der schmerzhaften Aufdeckungen bestimmt, sondern auch wann und ob er bereit ist, noch einen Schritt weiterzugehen. Sich in der Therapie mit traumatischen Erfahrungen auseinander zu setzen darf nicht erneut traumatisierend wirken. Deshalb ist es wichtig, den Klienten nichts aufzuzwingen, was sie nicht bewältigen oder ertragen können. Man versichert sich dessen am besten, indem man das Vertrauen, das der Klient einem entgegenbringt, respektiert und sich nicht dazu verführen lässt, den Klienten mit eigenen Hypothesen oder Ähnlichem zu überfahren. Diese dürfen zwar durchaus ausprobiert werden, jedoch muss der Therapeut wachsam sein und sie sofort zurücknehmen, wenn sie nicht der Auffassung des Klienten entsprechen.

Psychotherapie mit mehrgleisiger Annäherung

Neben einem umfassenden Wissen um klinische Methoden aus allen Bereichen der Psychologie und der Psychiatrie sollte sich ein Therapeut gut in den Kultur-, Gesellschafts- und Sozialwissenschaften auskennen. All diese Fachbereiche sind in den hier beschriebenen Gesprächen relevant. Außerdem möchte ich auf die Bedeutung der Neurophysiologie hinweisen, die früher vor allem als diagnostisches Instrument verwendet wurde. Heute sehen wir, dass ein Wissen um neurophysiologische Zusammenhänge auch für den psychotherapeutischen Prozess von Bedeutung ist.

Seit neurologische und neurophysiologische Studien, die Verbindungen zwischen der Struktur des Gehirns und seinen Funktionen nachweisen, immer weiter voranschreiten, befruchtet dieses Wissen zunehmend auch den Bereich der Psychotherapie und umgekehrt. Heute wissen wir, dass traumatische Erfahrungen häufig Veränderungen der psychologischen Funktionen und auch physiologische Veränderungen der Gehirnstrukturen bewirken. Außerdem sind neuere Erkenntnisse über das Zusammenspiel von kognitiven Prozessen – Gedanken, Meinungen, Deutungen von Sinneseindrücken usw. – und affektiven Prozessen – Gefühle, Stimmungen usw. – in der psychotherapeutischen Arbeit von großer Bedeutung. Häufig ist die Dynamik von emotionalen und kognitiven Aspekten innerhalb eines Gesprächs abhängig von der Fähigkeit des Therapeuten, eine sichere Atmosphäre zu erschaffen. Das kann der Ausgangspunkt für einen neuen Dialog über bisher verschwiegene, eingekapselte Themen werden.

In klinischen Zusammenhängen arbeiten Therapeuten nicht nur an rational erfassbaren Problemen. Deshalb ist es häufig wenig sinnvoll, die Gespräche zu einem frühen Zeitpunkt der Therapie einem »rationalen« Plan zu unterwerfen.

Anhand der hier nacherzählten Geschichten habe ich darzustellen versucht, wie eine offene, zuhörende und suchende Haltung des Therapeuten zu einem guten therapeutischen Prozess beitragen kann. Ein Therapeut muss immer vom Standpunkt des Klienten ausgehen, und es ist allen Therapieformen gemeinsam, dass jegliche Kommunikation auf gegenseitigem Respekt und wechselseitiger Verantwortung basiert.

Anmerkungen

Einleitung

1 Seit dem Ende der 1970er Jahre habe ich meinen Psychotherapieansatz unter verschiedenen Bezeichnungen zusammengefasst, am bekanntesten wurde er jedoch als *kulturnarrativer* Ansatz. Meine Doktorarbeit von 1955 an der Universität Bergen, eine Studie zur Familientherapie, trug den Titel: »A Psychocultural Approach to Families in Therapy«. Mein Ansatz ist interdisziplinär und unter anderem inspiriert von einer linguistisch und familientherapeutisch geprägten Kulturanthropologie, von der Psychiatrie und von verschiedenen Bereichen der Psychologie. Es erscheint mir sinnvoll, Menschen unter dem Aspekt zu betrachten, wie sie sich abhängig von biologischen, psychologischen und kulturellen Einflüssen entwickeln. Entsprechend ist es naheliegend, neben den Individuen auch Gruppen und übergeordnete gesellschaftliche und kulturelle Kontexte in die therapeutische Arbeit mit einzubeziehen.

2 Die *Grundhaltung* ist ein zentrales Moment in jeglicher psychotherapeutischer Arbeit. Das Wort umfasst sowohl Wahrnehmungen, Gedanken und Sprache als auch Gefühle und Handlungen.

3 Den Begriff *naiv* habe ich der Kulturanthropologie der ausgehenden 1970er Jahre entliehen. Ihm liegt das Bewusstsein zugrunde, dass eigene Vorurteile und die Anwesenheit von Fachkräften bestimmte Beobachtungen beeinflussen können. Dies gilt auch im Therapieraum, wo ein Therapeut zunächst sehr wenig darüber weiß, wie der Mensch, der ihm begegnet,

denkt, fühlt, glaubt und handelt. Echte Naivität des Therapeuten gegenüber seinen Klienten ist entscheidend, um einen Prozess zu ermöglichen, in dem gegenseitige Erforschung und Entwicklung zur selbstverständlichen Praxis werden.

Das Haus des Pfarrers

1 Eine *Child Guidance Clinic* in den USA entspricht in Norwegen einer kinder- und jugendpsychiatrischen Poliklinik. Die Polikliniken in Norwegen entstanden nach dem zweiten Weltkrieg nach amerikanischem Vorbild.

2 Siehe Middleforth, C.F. & Middleforth, H.C.: *Norwegian Families*. In: *Ethnicity and Family Therapy, edited by Monica McGoldrick, John K. Pearce & Joseph Giordiano*, New York, Guilford, 1982.

3 Bis Anfang der 1970er Jahre war es verbreitet, Probleme von Kindern auf der Grundlage individualpsychologischer Theorien und Behandlungsmethoden zu interpretieren. In den 1980er und 1990er Jahren ging man dazu über, die Probleme von Kindern in Verbindung zu bringen mit den Beziehungsstrukturen in der eigenen Familie und in anderen Systemen, die in die Entwicklung des Kindes eingreifen (Kindergarten, Schule, direktes Umfeld usw.).

4 Psychologische Tests basieren auf einer standardisierten Beurteilung großer Bevölkerungsgruppen, und der Begriff »normal« bezieht sich hier auf eine statistische Normalkurve. Alle, die sich bei solchen Tests innerhalb bestimmter Bereiche der standardisierten Kurve befinden, werden als »normal« betrachtet. Der Begriff »normal« ist in diesem Zusammenhang nicht qualitativ gemeint, sondern als normativer Begriff.

5 Der Kinderpsychiater war Jerome Vergamini. Er leitet heute zusammen mit seiner Frau Judith Vergamini ein renommiertes Zentrum für Familientherapie in Eugene, Oregon. Beide arbeiten eng mit der University of Oregon in Eugene zusammen.

6 Zum ersten Mal in meiner psychologischen Arbeit habe ich hier bewusst verstanden, dass Therapie sich manchmal zu etwas verhalten muss, das ich »silent stories« genannt habe. Den Begriff »silent story« habe ich in vielen meiner Arbeiten über psychische Leiden verwendet und in fachlichen Zusammenhängen erläutert. Er wird häufig auch im Zusammenhang mit klinischer und therapeutischer Arbeit verwendet.

7 Es mag hier von Interesse sein, dass nach amerikanischem Recht nicht nur derjenige als schuldig gilt, der eigenhändig eine kriminelle Handlung begangen hat, sondern auch Mittäter, die eindeutig dazu beigetragen haben, dass die kriminelle Handlung ermöglicht wurde. Die gewalttätige Szene zwischen Mutter und Kind fiel unter die Kategorie *kriminelle Handlung*. Die Tat hätte das Kind schwer verletzen und sogar seinen Tod verursachen können. Wäre sie einer öffentlichen Instanz zugetragen worden, hätte sie als kriminelle Handlung gegolten.

8 In psychologischen Termini, so wie ich sie benutze, war Ole in seiner Ursprungsfamilie unzureichend individuiert und deshalb nicht reif genug für seine Rolle als Ehemann und Vater in seiner eigenen Familie. (Siehe auch Anmerkung 2 zum Kapitel »Petter Pettersens Saga«.)

9 Siehe Anmerkung 3 zur »Einleitung«.

Petter Pettersens Saga

1 *Selektiver Mutismus* ist ein Zustand, der mit dem Verlust der Sprache einhergeht, ohne dass dies auf eine organische Krankheit oder Schädigung zurückzuführen ist. Der Zustand ist selektiv, d.h. er kann situationsbedingt sein und nur in besonderen Situationen eintreten. Er kann auch unbewusst an besondere Zusammenhänge gekoppelt sein und wird als nicht dem Willen unterworfen betrachtet.

2 Der Begriff der Individuation verweist auf den psychologischen Prozess, selbstständig zu werden. Er wird in den Geschichten dieses Buches in verschiedenen Zusammenhängen verwendet und beschreibt unter anderem eine psychische Bindung/Nähe zwischen Kind und Eltern, die es für den jungen Menschen schwer machen kann, seine eigene Identität, eigene Meinungen, eigene Gefühle usw. zum Ausdruck zu bringen. Der psychologische Individuationsprozess vollzieht sich schon während der Kindheit und besonders während der Phase der Pubertät, d.h. im Grenzbereich zwischen Kindheit und Erwachsenenalter. Er dauert allerdings das ganze Leben an.

3 Diese Methode wird auch in der Geschichte »Der Schatten an der Hauswand« beschrieben.

4 Ich habe die Methode während der 1980er und 1990er Jahre entwickelt. Sie ist ein Hilfsmittel, um die Lebensgeschichte

eines Menschen herauszuarbeiten und dann zu ordnen, und zwar nicht nur gefühlsmäßig, sondern auch kognitiv. Der kognitive Prozess bei der Formulierung von Erinnerungen schafft ein Gefühl der Bewältigung, was wiederum das weitere Erforschen der verlorenen Erinnerung zu ertragen hilft. Die Methode ist besonders für Menschen geeignet, die häufig aus ihrer Umgebung herausgerissen wurden oder einen wiederholten Verlust enger und liebevoller Beziehungen zu erleiden hatten.

5 Zu erwähnen, dass es verschwiegene Themen gibt, die unangenehm sind, kann die Aufmerksamkeit auf so etwas lenken, ohne dass jemand unter Druck gerät. Stumme Themen werden so auch als etwas relativ Gewöhnliches hingestellt.

6 Dass wir die Geschichte eine *Saga* nannten, hat einen Zusammenhang mit alter Geschichte, Wurzeln und Zugehörigkeiten hergestellt. Es hat uns auch einen eher rhythmischen Stil mit Wiederholungen und Ähnlichem erlaubt. Die Geschichte bekam einen distanzierteren und etwas formelleren Charakter, einen Rahmen, der für Petter und seine Mutter weniger bedrohlich war, als wenn wir eine fließende, persönliche und weniger strenge Form gewählt hätten.

7 Es gibt in Norwegen viele Städte, die sich selbst zur »Stadt der Rosen« ernennen, um ihre Blumenpracht zu betonen.

Der Fluch

1 Den Studien des Kulturanthropologen Dr. James Jaquiths zufolge (Washington University, St. Louis, Missouri, USA 1965–69) ist die Rede in Zungen keine formale Sprache nach linguistischen Kriterien. Sie vermittelt den Zuhörern keinen sinnvollen Inhalt, sondern ist eher eine gefühlsmäßige Äußerung, der die Zuhörer ihre eigene Meinung zuordnen können, je nachdem was sie selbst dabei erleben. Auf diese Weise repräsentiert die Rede in Zungen eine wertvolle Ausdrucksform gefühlsmäßiger »Rede«, die ansonsten in der Kultur und in der Gemeinde tabuisiert ist.

2 Ich dachte, dass hier viele stumme Themen ineinander verwoben waren. Ich wollte zurückhaltend damit sein, zur Gestaltung der Geschichte beizutragen. Es war wichtig, dass es ihre eigene Produktion wurde, bei der ich nur als Zeugin fungierte. Wir hatten in dieser Situation kein Team zur Ver-

fügung, wie ich es mir vielleicht gewünscht hätte. Andererseits wäre es für die Familie möglicherweise auch schwierig gewesen, vor einem ganzen Team in dieses demütigende und heikle Thema einzutauchen.

3 Keine Freude zu empfinden ist ein Phänomen, das in der Fachliteratur als Anhedonie bezeichnet wird. Die Bezeichnung wird häufig beim Verlust des Gefühls der Freude in Zusammenhang mit einer Depression verwendet. Meiner Erfahrung nach tritt dieser Zustand häufig bei Menschen auf, die wiederholte Traumen erlebt haben, also zum Beispiel wiederholt körperlicher Gewalt ausgesetzt waren.

4 Schläge als *Misshandlung* zu bezeichnen bedeutete hier, ein stärkeres Wort zu wählen, als die Familie selbst benutzt hatte. Damit kennzeichnete ich die Tat als schwerwiegender, als sie selbst es getan hatten. Ich entschied mich bewusst dafür, weil der Glaube an Autoritäten und der entsprechende Gehorsam in ihrer Glaubens- und Handlungskultur tief verwurzelt zu sein schien und das Thema Gewalt möglicherweise als nicht dazu passend erlebt wurde, sogar im Therapieraum. Ich wollte dieses Wort auch deshalb benutzen, um den natürlichen Impuls und ihr Recht, mit Abscheu auf diese Art von familiärer Gewalt zu reagieren, zu unterstützen. Es war wichtig, die Dinge beim Namen zu nennen und das Thema nicht herunterzuspielen. Signe traute sich fast nicht, ihre Wut darüber zum Ausdruck zu bringen, dass sie das Opfer eines, wie sie später sagte, »verzerrten und missverstandenen Glaubens« geworden war.

5 Der Kulturanthropologe Jules Henry hat in seinen Büchern »Culture against Man« und »Pathways to Madness« u.a. über »lethal culture« geschrieben. Er behandelte darin Kulturen mit todbringenden Vorstellungen, die zur Selbstvernichtung von Individuen und ganzen Menschengruppen führen können. In mehreren bekannten Fällen aus westlichen Gesellschaften sind wir Zeugen gewesen, wie gerade religiöse Sekten sich selbst ausgerottet haben, indem sie den »Glauben« bestimmen ließen, dass all ihre Kinder und Mitglieder aus Gehorsam gegenüber der Ideologie des Glaubens sterben mussten. (Vgl. Jonestown)

6 Ich habe es bewusst unterlassen, hier das Wort *Depression* zu verwenden, da dieser diagnostische Terminus leicht die Vor-

stellungen der Eltern hätte untermauern können, dass Anna krank und suizidal sei, vielleicht sogar im Sinne einer biologischen Vererbung. Deshalb hielt ich mich an beschreibende Begriffe wie beispielsweise *weinen,* was als Ausdruck für Verzweiflung und Trauer hinreichend deutlich ist.

7 Hier gebe ich klar meine persönlichen Werte zu erkennen, indem ich u.a. Worte wie »unerträglich« verwende. Ich bin als Therapeutin nicht »Werte-los« und segele auch nicht unter der Flagge einer so genannten »Neutralität«. Für mich hat es einen eigenen Wert, im therapeutischen Setting diese Art von Rückmeldung zu geben. Ich halte es außerdem für eine Vortäuschung falscher Tatsachen zu behaupten, man sei neutral. In wirklich *wichtigen und emotionsgeladenen* Fragen ist Neutralität schwer zu erreichen, so in Situationen, in denen Menschen (z. B. Kinder) nicht die Möglichkeit haben, sich zu verteidigen. Wir erleben dann nicht selten, dass beispielsweise von Mobbern primitive Kräfte nach dem »Gesetz des Stärkeren« eingesetzt werden, um das eigene Selbstwertgefühl auf Kosten anderer zu stärken. Wir finden Mobbing auch in allen Bereichen der Erwachsenenwelt, in allen Zweigen der öffentlichen und der privaten Wirtschaft.

8 Der Begriff Individuation bedeutet in diesem Zusammenhang eine klare Abgrenzung des Standpunktes oder der Seinsweise oft eines Kindes von denen eines anderen, meist eines Erwachsenen sowie eine klare Differenzierung zwischen den Generationen. Es bedeutet, Teile des Individuellen vom Generellen zu trennen. (Siehe auch Anmerkung 2 zum Kapitel »Petter Pettersens Saga«.)

9 Für mich war die Übergabe des Schmucks ein spontanes Ritual, eine Art Bestätigung von Anna Katrines eigener Identität als einer von ihrer Tante Anna völlig unabhängigen Person. Der Schmuck war in diesem Zusammenhang ein Objekt, das konkret die Bewegung von einem Zustand in einen anderen verdeutlichte. Er war Teil eines Übergangsrituals, ebenso wie ein Ehering das Überschreiten einer Schwelle markiert.

»Der Verrückte«

1 Das Wort *Tick* ist ein diagnostischer Fachausdruck und bezeichnet plötzliche, unkontrollierbare Grimassen und körperliche Zuckungen, die sich auch zu bleibenden Verhaltens-

mustern entwickeln können. Sie sind für die Betroffenen oftmals überwältigend und sehr befremdlich, besonders bei der Kommunikation mit anderen Menschen. Ticks bei Kindern sind oft mit psychischen Problemen verbunden. Die Ursachen können vielschichtig sein und auch von organischen Schäden oder Krankheiten herrühren.

2 Wir beschlossen, uns dem Symptom des Jungen gegenüber zurückhaltend zu verhalten, jedoch gleichzeitig darüber zu sprechen, damit alle wussten, dass wir informiert waren. Wir konzentrierten uns zunächst auf den Kontext, um ein wenig mehr Einblick in die Gesamtsituation zu bekommen. Uns war klar, dass der Junge sowieso schon unter Druck stand, deshalb beschlossen wir, ihn nach Dingen zu fragen, in denen er gut war. Durch die deutlich artikulierte Sorge der Mutter wussten wir, dass der Junge der zentrale Symptomträger war. Wir wollten einen »Metalog« aufrechterhalten, d.h. ein Gespräch, das sich eine Weile in der Peripherie bewegte und nicht direkt auf das für den Jungen empfindlichste Thema einging. Dabei war uns durchaus klar, dass dies irgendwann geschehen musste. Die Grimassen waren aber auch eine Sprache, und das reichte uns vorläufig aus.

Sieben stumme Jahre

1 Das beschriebene Muster von Fressen und Erbrechen ließ die Situation sehr ernst erscheinen. In einer solchen Phase haben die medizinische Betreuung und die Zusammenarbeit zwischen den behandelnden Instanzen eine große Bedeutung. Sind sie nicht gewährleistet, muss genau überlegt werden, ob die private Behandlung eines solchen Falls überhaupt zu verantworten ist. Unter Umständen sollte unter anderem die Alternative einer Einweisung erwogen werden.

2 Hierbei dachte ich nicht nur an körperliche Nahrung, sondern auch an die Art von Nahrung, die ihr helfen konnte, Beziehungen zu anderen Personen innerhalb und außerhalb der Familie zu durchschauen und in einen sozialen Kontext einzubinden. Von dieser Position aus vermochte sie ihre eigenen Aktionen und Reaktionen zu erkennen und sie mit denen anderer zu vergleichen. So etwas kann nur im sozialen Austausch geschehen, nicht in der Isolation. Wenn in einer Familie die Erwachsenen nicht miteinander reden, kann der Man-

gel an Kommunikation für die Entwicklung des Kindes zu einem Problem werden.

3 *Bulimia nervosa* ist eine Essstörung, die sich darin äußert, dass die Kranke ungehemmt Nahrung in sich hineinstopft, um sich danach zu erbrechen. Die Störung wird als psychosomatische Krankheit betrachtet und ist oft schwer zu behandeln. Sie tritt vor allem bei Mädchen in der Pubertät auf, häufig nach einer Anfangsphase mit *Anorexia nervosa*. Der Zustand ist sehr ernst, da er Gewichtsverlust und andere körperliche Veränderungen verursacht, auch physiologische Störungen, die lebensbedrohlich sein können. Die Essstörung wird von psychischen Störungen begleitet, wie eine verzerrte Wahrnehmung des eigenen Körperumfangs, Zwangsvorstellungen, Perfektionismus, Depression, Isolation und eine Reihe anderer psychosozialer Probleme. Viele Betroffene äußern, dass sie ihr Leben beenden möchten. Der Zustand erfordert eine mehrgleisige, am besten interdisziplinäre psychologische und somatische Behandlung.

4 Ich wollte die stumme Beziehung und die tatsächliche Trennung der beiden Erwachsenen in Worte fassen, damit alle klar erkennen konnten, dass mir das Ganze bekannt war. Ich wollte auch im Kontakt mit der Familie frühzeitig zu erkennen geben, dass ich es nicht als Tabu oder als gefährlich betrachtete, über das Schweigen zu sprechen, das nun, da sich alle zum Gespräch getroffen hatten, möglicherweise vorbei war.

5 Ich hatte den Eindruck, dass in der Familie ein Strukturwandel stattgefunden hatte, bei dem ein Kind auf eine erwachsene Position, nämlich an die Seite seiner Mutter, vorgerückt war. Das erleben wir häufiger, wenn ein Elternteil wegfällt, meistens durch eine Trennung. Wenn die Phase, die es auf diesem Platz verbringt, lange andauert, kann das für das Kind problematisch werden. Es wird dann der Möglichkeit beraubt, weiter Kind zu sein, und kann nicht mehr an kindgerechten Aktivitäten teilnehmen. Auch der Erwachsene kann eines Teils seiner Mündigkeit beraubt werden und verhält sich häufig hilfloser, als es sonst der Fall gewesen wäre. Ein solcher Strukturwandel geschieht oft, wenn eine Familie in eine Krise gerät, wie beispielsweise bei Trennungen, Unfällen, Tod oder Krankheit. Er wird jedoch wieder korrigiert, wenn die

akute Krise vorbei ist. In diesem Fall hatte ich allerdings den Eindruck, dass der Strukturwandel nie mehr rückgängig gemacht worden war. Viele der Informationen deuteten darauf hin, dass Kristin in ihrer Rolle als Verantwortliche auf der erwachsenen Ebene festsaß. Noch schwerwiegender war, dass Kristin, wie manche Äußerungen vermuten ließen, in eine emotionale Symbiose mit der Mutter hineingedrängt wurde. Sie wurde vereinnahmt, und die Gefühle der Mutter wurden teilweise auf die Tochter projiziert.

6 Das bewusst erlebte Hinausgehen aus dem eigenen Körper in Verbindung mit emotionalen Traumen wird *Depersonalisation* genannt und gehört diagnostisch zur Kategorie der dissoziativen Störungen. In Tones Fall entsprach die Reaktion auf das Verlassenwerden durch den Ehemann wahrscheinlich einer Reaktivierung des Traumas, das sie als kleines Kind beim Verlust ihre Mutter erlebt hatte.

Der Schatten an der Hauswand

1 Der amerikanische Soziologe Erving Goffman hat dem »Schlüsselbund« im Zusammenhang mit Institutionen eine besondere symbolische Bedeutung beigemessen. Er symbolisiert seiner Meinung nach Macht. In dem bekannten Film »Einer flog übers Kuckucksnest« werden einige der Machtmechanismen gezeigt, mit denen das Personal den Patienten begegnet. Hier sehen wir Goffmans Gedanken illustriert, wenn die Krankenschwester ständig durch die Räume geht und mit ihrem Schlüsselbund rasselt, was eindeutig ihre Machtposition gegenüber den Patienten demonstriert.

2 *Dissoziation* ist ein automatischer Mechanismus, der das Erlebte von den gewöhnlichen Reaktionsmustern abspaltet und die schmerzhaften Erfahrungen speichert, ohne die gewöhnlichen Wege über das Bewusstsein zu gehen. Deshalb ist es häufig schwer, mit der Erinnerung an ein Trauma in Kontakt zu kommen. Diese Form der Abspaltung schützt uns vor Dingen, die wir sonst nicht ertragen könnten.

3 In diesem Zusammenhang verwende ich den Begriff »autistisch«, um selbststimulierendes Verhalten zu beschreiben. Es bestätigte Karen, dass sie lebendig war.

4 Auch der hier beschriebene Verlust des Kontakts mit dem eigenen Körper wird *Depersonalisation* genannt. Dem eige-

nen Körper Verletzungen oder Schmerzen zuzufügen kann eine Art sein, durch die Betroffene sich selbst bestätigen, dass sie noch etwas fühlen und dass sie leben. Um diese Bestätigung zu erlangen, ist es nicht ungewöhnlich, dass Personen, die an dissoziativer Depersonalisation leiden, sich selbst schwerwiegende Verletzungen zufügen.

5 Individuation ist ein psychologischer Begriff, der ursprünglich aus der psychodynamischen Forschung stammt. In der Familientherapie verwende ich ihn einerseits für die Fähigkeit, zwischen Rollen und Positionen zu unterscheiden, und andererseits für die Entwicklung, in deren Verlauf junge Menschen selbstständige Entscheidungen zu treffen und eigene Gefühle, Gedanken und Meinungen und unabhängigere Handlungsweisen zu entwickeln lernen, ohne dabei allzu große Widerstände überwinden zu müssen. Manche haben so große Probleme damit, von ihren Familien als eigenständige Person anerkannt zu werden, dass sie einen realen Auszug inszenieren müssen, um sich von den oft unausgesprochenen Anforderungen und Erwartungen der Eltern freizumachen. Dies könnte auch bei Amanda der Fall gewesen sein. Mangelnde Individuation ist nicht unvereinbar mit engen emotionalen Bindungen in der Familie. Starke Dogmen, die auf den jungen Menschen vereinnahmend wirken und seine Möglichkeit, über sein eigenes Leben zu bestimmen, einschränken, können Ausdruck eines schwerwiegenden Mangels an Individuationsprozessen innerhalb der Familie sein.

6 Die Bezeichnung *Patient* war ein negativ besetztes Wort, besonders in der Ideologie, die in den 1970er und 1980er Jahren die Einstellung des Gesundheitspersonals und der Sozialarbeiter zu menschlichen Problemen geprägt hat. Der Begriff des *Patienten*, verbunden mit diagnostischer Denkweise und Praxis, wurde als Zeichen von Hochmut gegenüber Menschen mit Problemen betrachtet. Diagnosen wurden als stigmatisierende Abwertung von Menschen aufgefasst. Das wollte man ändern, und Diagnosen waren fortan politisch inkorrekt und entsprachen nicht mehr dem Stil der neuen Zeit. In der Ideologie des Gesundheitspersonals entstand damit jedoch ein stummes Thema, das dazu beitrug, die starken psychischen Störungen der jungen Drogenabhängigen und das resultierende *Bedürfnis* nach entsprechend fachkundiger Behandlung

zu ignorieren. Drogenabhängige würden als »Kranke« sicher weniger stigmatisiert und würden als solche eine bessere Behandlung erfahren als die »Bewohner« einer mit Steuergeldern finanzierten Einrichtung für Drogenabhängige. In den letzten Jahren haben wir größeres Verständnis dafür erfahren, dass auch im Bereich der Suchttherapie psychologische Betreuung und Therapie als Behandlungsmethoden eingesetzt werden sollten.

7 Der Begriff der *Institutionalisierung* stammt von dem amerikanischen Soziologen Erving Goffman. Institutionalisierung ist die »totale« Abhängigkeit von der Einrichtung, von der Menschen aufgefangen werden, wenn sie das Bewusstsein ihres Wertes, ihrer Identität und ihrer Selbstständigkeit verlieren. Die Unterbringung in einer Einrichtung über längere Zeiträume hinweg kann zum Verlust von Eigeninitiative und Selbstverantwortung führen. Die Einrichtung ist ein mächtiger Einflussfaktor, da ihre »Bewohner« dort essen, schlafen, arbeiten und sich ihr gesamtes Sozialleben dort abspielt; daher der Begriff der »Totalinstitution«. Menschen, die institutionalisiert sind, werden häufig zu Dauerbewohnern einer Einrichtung, sie werden zur Abhängigkeit »erzogen«, was sie über längere Zeit außer Stande setzt, allein zurechtzukommen.

8 Dies ist eine Erweiterung, die erst in den letzten Jahren gefordert wurde. Man kann sich fragen, ob die nebulöse Ideologie der Gesellschaft in Bezug auf Suchtkranke dazu beigetragen hat, dass den realen Bedürfnissen der »Bewohner« nach psychologischer Hilfe nicht entsprochen wurde.

Dank

Mein herzlicher Dank gilt meinen Klienten, die mir erlaubt haben, sie in schwierigen Phasen ihres Lebens zu begleiten. Sie haben mir gezeigt, dass Hoffnung etwas Wertvolles ist und dass sie beschützt werden muss, dass von anderen gehört zu werden wichtig ist, um Leiden zu lindern, und dass der Wille, das Leid mit anderen zu teilen meistens zu Veränderungen zum Besseren hin führt. Meine Klienten haben mich auch gelehrt, dass es das grausame, brutale und kränkende Böse gibt, und dass Menschen manchmal ein Leid zugefügt wird, das in der Therapie nicht entfernt, von dem der Klient nicht erlöst werden kann. Dennoch kann die Chance, darüber zu sprechen den Schmerz lindern und das Gefühl mildern, mit dem Unaushaltbaren allein zu sein.

Ein inniger Dank gebührt meiner Familie, meinen Freunden und Kollegen, die mir während des Schreibens Interesse und Enthusiasmus entgegengebracht haben. Ich will hier keine Namen aufzählen. So viele haben mir Glück bei der Arbeit gewünscht, und manche haben sich engagiert und durch die Hinterfragung von Worten, Wendungen und Inhalten dazu beigetragen. Diese Hilfe ist mir viel wert gewesen.

Vielen Dank auch an die Kollegen der Psychiatrischen Abteilung des Krankenhauses Buskerud, die mich in der Abschlussphase des Projekts unterstützt haben.

Ein ganz besonderer Dank gebührt meinem Lektor beim

Gyldendal Verlag, Oliver Møystad. Er hat mir während des gesamten Projekts geduldig und hilfsbereit assistiert und zur Seite gestanden. Ohne seine Ermunterung und seinen sicheren Glauben daran, dass dieses Buch irgendwann fertig würde, bin ich nicht sicher, ob die Arbeit zu diesem Ziel geführt hätte. Vielen Dank auch an Hans Petter Bakketeig und andere Mitarbeiter von Gyldendal, die meine Arbeit kommentiert haben. Oliver und Hans Petter waren ein gutes Team und haben mich immer wieder eingefangen und angeregt, meinen Zweifel und meine Zuversicht mit ihnen zu diskutieren.

Zum Schluss möchte ich Norsk faglitterær forfatter- og oversetterforening für die finanzielle Unterstützung am Anfang des Schreibprozesses danken. Sie haben dieses Projekt möglich gemacht.

WENCKE J. SELTZER